일상을 바꾼
이야기의 순간

KB081607

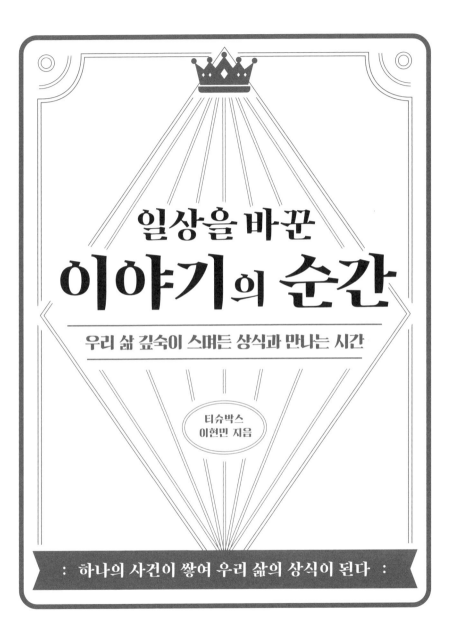

일상을 바꾼
이야기의 순간

우리 삶 깊숙이 스며든 상식과 만나는 시간

티슈박스
이현민 지음

: 하나의 사건이 쌓여 우리 삶의 상식이 된다 :

Booksgo

역사의 순간이 모여
새로운 이야기를 만든다

프랑스 대혁명이 탄생시킨 것 중에 가장 위대한 것을 꼽자면 단연 근대 민주주의일 것이다. 프랑스의 백성들은 루이 16세와 마리 앙투아네트의 목을 저잣거리에서 잘라 버렸고 백성에서 시민으로 거듭날 수 있었다.

그런데 왕과 왕비의 목이 잘리던 그 순간, 인류에게 가장 위대한 발명품은 민주주의가 아니라 단두대였다. 민주주의는 신분제를 없애고 사람의 삶을 평등하게 만들어 주었을 뿐이었지 아직 죽음까지 평등하게 만든 것은 아니었기 때문이다.

저잣거리 아무개의 모가지와 고귀하신 왕의 목을 똑같은 단두대에서 자른 것은 인간을 죽는 순간까지 평등하게 만들어 준 사건이었다. 즉, 단두대는 진정한 민주주의를 완성시키는 마지막 퍼즐 역할을 한 것이다.

마이클 잭슨의 〈스릴러〉 앨범은 전 세계에서 가장 많이 팔린 앨범에 올라있다. 마이클 잭슨은 이 앨범으로 팝의 황제라는 조금은 진부한 별명을 얻었지만, 그것 외에는 그를 수식할 마땅한 단어가 없다는 것 또한 사실이다.

마이클 잭슨이 팝의 황제에 등극한 그 순간, 미국 사회는 해묵었던 흑백갈등을 해소할 수 있었다. 그간 백인들에게 멸시받았던 흑인 음악이 메인스트림으로 합류할 수 있었기 때문이었다.

그런데 이 사건은 마이클 잭슨도 의도하지 않았던 매우 놀랄만한 역사적 아이러니도 함께 포함하고 있었다. 왜냐하면 노예제도 때문에 탄생한 좀비가 흑인과 백인 간의 화합에 큰 역할을 했기 때문이다. 이처럼 너무나 유명한 역사의 바로 그 순간, 우리가 미처 알아차리지 못했던 흥미로운 이야기들이 숨어있다.

이 책은 내가 유튜브에서 '티슈박스' 채널을 운영하며 제작한 영상들을 기반으로 만들어졌다. 티슈박스 채널은 사람들에게 잡다한 지식들을 알려주고자 시작했지만, 그간 실력 부족과 영상 길이의 한계 때문에 미처 전하지 못한 이야기들이 많아 안타까웠다. 하지만 이번 기회에 활자로 나머지 부분을 채울 수 있어서 매우 기쁘게 생각한다.

여기서 다루고자 하는 것은 깊이 있는 인문학적 소양이 아니며 내 실력 또한 거기에 미치지 못한다. 다만 여러분의 머릿속에 파편으로 남아 있는 역사의 순간순간들을 선형으로 이어서 미처 깨닫지 못했던 '새로운 순간'을 알려주는 역할을 할 수 있다면 그걸로 족하다.

글은 못 쓰면서 까다롭기만 한 작가를 어르고 달래느라 고생한 북스고 식구들에게 미안하고 고마운 마음을 표한다. 그리고 언제나 큰 힘이 되어주는 어머니에게 사랑한다는 말을 전하고 싶다.

티슈박스 이현민

저자의 말

역사의 순간이 모여 새로운 이야기를 만든다 ... 004

1장 식사의 순간

케첩에 꼭 '토마토'라는 말을 붙여야 하는 이유 ... 011

나폴레옹의 사전에 통조림이란 단어를 만들어라 ... 024

KFC와 양념치킨 ... 039

햄버거 전쟁을 종결시킬 자는 누구인가 ... 052

라면 : 교도소의 사회학 ... 063

빨대는 맥주를 먹기 위해 탄생했다 ... 074

2장 유행의 순간

역사의 아이러니 한가운데서 좀비가 탄생하다 ... 087

비키니와 스폰지밥 그리고 고지라 ... 100

수족관에서 탄생한 세계에서 가장 유명한 게임 ... 109

충전기가 뜨거워지는 이유는 에디슨과 테슬라 때문이다 ... 120

기술과 함께 발전하는 기억의 크기 ... 134

3장 쓸모의 순간

쿼티의 세 가지 탄생 설화 ... 147

베트남 전쟁에서 사람을 살린 순간접착제 ... 161

남자들이 드디어 면도하다가 죽지 않게 되었다 ... 169

빛을 찍으면 발생하는 일 ... 180

한국산 티비를 미국에서 더 싸게 살 수 있는 이유 ... 189

세계 4대 성인 윌리스 캐리어가 발명한 에어컨 ... 200

4장 혁명의 순간

모두에게 평등한 죽음을 제공하다 ... 213

라듐과 달러의 관계 ... 224

미터를 구하기 위해 지구를 재다 ... 237

우연의 발견, 혈액형 ... 248

미국의 세상에서 가장 바보 같은 핵실험 ... 259

우주로 간 동물들 ... 270

알파고와 딥페이크 ... 282

전설의 4번 타자와 냉동인간 ... 293

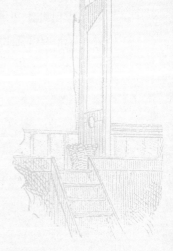

식사의
순간

01

케첩에 꼭 '토마토'라는
말을 붙여야 하는 이유

KFC - Korean Fried Chicken

한 그릇의 맛있는 음식이 탄생하기 위해선 여러 조각들이 오차 없이 들어맞아야 한다. 좋은 재료를 써야하는 건 기본 중의 기본. 똑같이 물에 익히더라도 데치거나 삶거나 조리는 등 재료의 특성에 알맞은 조리법도 필요하다. 비록 맛에는 직접적인 영향을 끼치지 않을지라도 예쁜 접시에 담아내는 것도 음식의 만족감을 높이는 데 큰 역할을 한다.

하지만 맛을 좌우하는 가장 결정적인 요소가 양념이라는 것엔 우리 모두 큰 이견이 없을 듯하다. 소금, 설탕, 식초 등 혀가

느끼는 기본적인 맛을 내주는 조미료. 고추, 마늘, 후추와 같이 음식의 풍미를 더하고 누린내를 잡아주는 향신료. 타바스코나 마요네즈같이 각종 재료들을 걸쭉히 섞은 소스. 이것들을 전부 아울러서 양념이라고 하는데 이 양념을 적재적소에 적당하게 투입하는 신의 용병술을 구사해야지만 음식의 맛을 최고치로 끌어 올릴 수 있다. 양념이 들어가지 않는 음식 중 맛있는 것은 쌀밥 밖에 없다.

특히 각 문화별로 선호하는 재료들을 한데 섞어 만든 소스는 그 나라를 상징하기도 한다. 중국 음식에 빠질 수 없는 진리의 단짠 굴소스, 이태리 음식인 피자에 주로 뿌려 먹지만 미국의 상징이 된 핫소스, 질 좋은 올리브유에 발사믹 식초를 섞어내는 이태리의 발사믹 소스 그리고 설명이 필요없는 우리나라의 고추장이 대표적이라 하겠다.

다른 쟁쟁한 후보들을 물리치고 고추장이 태극마크를 단 데에는 그럴만한 이유가 있다. 이미 고추장은 양념치킨 덕분에 세계적인 유명인사가 되어있기 때문이다. 프라이드 치킨이 전통의 강호 삼계탕과 은둔고수 닭갈비 등을 물리치고, 인간계를 벗어나 천상계天上鷄 치느님 반열에 오를 수 있었던 배경에는 고추장이 들어간 양념치킨의 힘이 절대적이었다.

양념치킨은 느끼한 것에 취약한 한국인들이 치킨을 더 맛있게 즐길 수 있게끔 도와주었을 뿐 아니라, 어디에도 없는 독특한 맛 덕분에 한국식 치킨의 세계화에도 한 몫 단단히 했다. 현재는 KFCKorean Fried Chicken라는 우스개 단어가 만들어질 정도로 외국인의 입맛도 완전히 사로잡았는데, 치킨'부심'이 대단한 치킨종주국 미국에 양념치킨을 역수출까지 하고 있는 실정이라고 하니 이것으로 신미양요에 대한 작은 복수는 한 셈이라 하겠다.

그런데 사실 서양인들이 양념치킨의 맛을 쉽게 받아들일 수 있었던 이유는 따로 있다. 그들에게는 다소 이질적인 고추장맛을 중화시켜주는 '이것'이 양념 속에 함께 들어있기 때문이다. 각 가정 냉장고마다 유통기한 지난 이것 한 통쯤은 있을 만큼 흔하디 흔한 '서양 소스 케첩'이 바로 그 주인공이다.

'서양 소스 케첩'에 작은 따옴표를 친 이유가 있다. 저 짧은 3어절 속에 오류가 무려 두 개나 있기 때문이다. 어떤 눈썰미 좋은 독자들은 케첩의 맞춤법이 잘못 되었다고 지적할 지도 모르겠다. 우리나라 케첩 시장을 거의 독점 지배하고 있는 어느 브랜드의 표기가 '케챂'으로 되어 때문이다. 하지만 국립국어원이 공식적으로 인정하는 표준어가 '케첩'이기 때문에 아쉽게도 그것은 정답이 될 수 없다. 이제부터 두 가지 오류를 고쳐나가는 여정을 통해 케첩의 역사를 알아보도록 하자.

유럽 유학길에 오른 케첩

케첩은 누가 봐도 서양식 소스의 면모를 두루 갖추고 있다. 케첩이 듬뿍 뿌려진 오믈렛을 한 입 잘라 먹으면 눈이 찌푸려질 정도로 강렬한 신맛이 혀끝을 통해 순식간에 온 몸으로 퍼지고, 찌푸려진 눈을 바로 펴 줄 단맛이 금세 그 뒤를 잇는다. 그리고 무엇인지 알 수 없는 묘한 감칠맛이 한동안 여운을 남기다가 목구멍 뒤로 넘어간다. 이로써 케첩 맛의 3행정이 끝난다. 쿰쿰한 냄새와 함께 밥이나 면에 어울리게끔 짜고 맵게 만들어지는 우리식 소스와는 확연히 다른 맛의 구성이다.

또 한 가지 케첩이 서양식 소스임이 분명한 증거는 바로 주재료인 토마토이다. 남미가 원산지인 토마토는 대항해시대 유럽으로 건너가 정착했다. 초기엔 악마의 사과라는 오명 때문에 주로 관상용으로만 길러졌지만, 이태리 땅에서 그 맛을 인정받기 시작하면서 음식 재료로 널리 쓰이기 시작했다.

1614년 이수광이 지은 《지봉유설》에 남만시南蠻枾라는 이름으로 토마토가 소개되어 있는 것으로 보아 이 땅에도 일찍이 토마토가 소개된 것으로 보인다. 하지만 우리 모두가 잘 알고 있듯이 이태리에서처럼 히트상품은 되지 못했다.

여기까지 듣고나서 '토마토를 주재료로 하는 케첩의 고향은 어디일까요?'라는 시험문제를 접했다고 해보자. 정답 확률을 높이려면 원산지인 아메리카 대륙이나 이태리라고 적어야겠지만, 살면서 이런 식의 찍기가 성공할 확률은 얼마되지 않는다. 문제의 출제자는 수험생들이 덫에 걸려들길 바라면서 문제를 내기 때문이다. 눈치가 빠른 학생이라면 신대륙이나 유럽의 어느 곳이 아니라는 것을 이미 파악하고 있을 것이다. 케첩의 고향은 바로 중국이다.

중국 남부에서 쓰는 민남어閩南語에 생선즙이라는 의미의 규즙鮭汁이라는 단어가 있었다. 아시아 전역에서 즐겨먹던 생선액젓을 중국 남부와 동남아 일대에서는 규즙이라고 했던 것이다. 규즙의 발음은 꼬에찹kôe-chiap 혹은 께챱kê-chiap에 가까웠는데, 바로 이 규즙이 유럽으로 넘어가 케첩으로 변신을 하게 된 것이다.

정황은 여러 곳에서 발견된다. 영국인 찰스 록이어Charles Lockyer가 1711년에 인도와 수마트라 등을 돌아다니면서 쓴

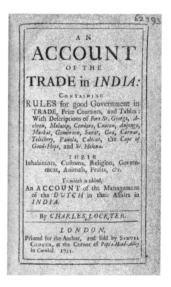

《인도 무역 이야기》에는 케첩의 산지에 대해 명확히 밝히고 있다.

《인도 무역 이야기An Account of the Trade in India》에는 '가장 좋은 케첩은 통킹만에서 나오는데 매우 싼 가격에 중국에서 팔린다'라고 케첩의 산지에 대해 명확히 밝히고 있다.

굳이 고문서를 뒤지지 않더라도 케첩의 고향에 대해 알 수 있다. 브리태니커 백과사전에 따르면 케첩이 생선액젓을 뜻하는 중국어에서 파생된 것으로 보인다고 적혀있다. 여러 정황들로 미루어 볼 때 케첩의 고향이 중국 또는 적어도 아시아의 어느 곳이라는 사실은 확실해 보인다. 그렇다면 우리에게 남은 의문점은 한 가지이다. 유럽으로 유학을 간 케첩에게 대체 어떤 일이 있었길래 고향 사람들도 못 알아볼 정도로 변했단 말인가.

짝퉁 케첩이 영국을 휩쓸다

한때 우리에게 미제美製라는 단어가 좋은 제품과 동의어로 쓰이던 때가 있었다. 그런데 이 미제라는 것은 단지 미국 제품만을 지칭하는 말이 아니라 서양 전체에 대한 동경이 함축되어 있었다고 보는 게 맞다. 그 당시 우리는 영국제품이든 독일제품이든 서양에서 온 것은 전부 미제라고 불렀으니까 말이다. 영제, 독제보다 미제가 입에 더 착착 감기는 탓도 있었을지 모르겠다.

어릴 적 친구 녀석이 집에서만 소중히 가지고 놀던 미제 장난
감(외제인 것은 확실했던)을 나도 만져볼 기회가 생겼다. 어딘지 모르
게 고급스러운 만듦새와 애들 장난감이라고는 믿기지 않을 정도
로 톤 다운된 차분한 색깔. 보는 순간 '역시~'라는 감탄을 내뱉
으며 행여 부서질까봐 친구 눈치를 봐가며 소중히 가지고 놀았
던 시절이 그리 먼 옛날이야기가 아니다.

하지만 조금만 더 거슬러 올라가보면 정반대의 규칙으로 세
상이 돌아갈 때가 있었다. 당시 아시아에서 온 후추나 도자기 등
을 사기 위해서 국고를 탕진하고 있던 유럽인들에게 '메이드 인
동양'은 신앙과도 같았다. 동양에선 제 아무리 싸구려 물건이라
도 배를 타고 유럽으로 가기만 하면 물 건너온 외제품으로 둔갑
해 비싼 값에 팔렸다.

케첩 또한 마찬가지였다. 찰스 록이어가 써 놓은 대로 케첩은
중국에서 매우 싼 값에 거래되는 생활필수품이었지만, 유럽에선
동양에서 온 마법소스로 둔갑해 비싼 값에 팔렸고 특히 영국에
서 인기가 높았다.

예나 지금이나 이런 수요공급의 불균형은 몇몇 머리 회전이
빠른 사람들에게 좋은 기회가 된다. 대중들이 선뜻 지갑을 열 수
있을만한 가격과 납득이 갈 만한 품질. 이 두 축 안에 존재하는
적절한 함수 값을 찾기만 한다면 사업은 성공이나 다름이 없다.

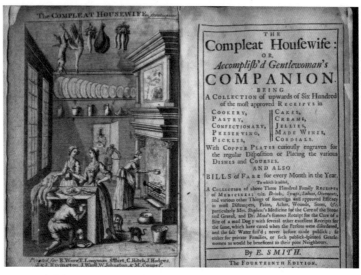

《완벽한 주부》라는 요리책에서 영국식 케첩에 들어가는 재료를 소개하고 있다.

그렇다. 케첩은 영국에서 대짝퉁의 시대를 맞이했다. 동양에서 온 값비싼 오리지널 케첩을 살 수 없던 사람들을 위해 주위에서 쉽게 구할 수 있는 재료로 만든 짝퉁 케첩을 만들기 시작했던 것이다. 하지만 이것이 부도덕한 행위라는 말은 아니다. 짝퉁이라는 자극적인 단어를 걷어내고 현지화 전략이라는 단어를 사용하면 이것은 매우 훌륭한 마케팅 기법이기 때문이다.

영국식 케첩에 대한 최초의 레시피는 18세기 엘리자 스미스 Eliza Smith가 쓴 《완벽한 주부The Compleat Housewife》라는 요리책에서이다. 이 책에 따르면 영국식 케첩에 들어가는 재료는 12~14개의 안초비, 10~12개의 샬럿, 화이트 와인 식초, 두 종류의 화이트 와인과 여러 가지 향신료라고 밝히고 있다.

이처럼 초기엔 최대한 오리지널의 맛을 구현하기 위해서 안초비와 같은 생선을 이용해 케첩을 만들었지만 점차 시간이 지나면서 주재료인 생선이 아예 빠지고 대신에 호두나 버섯을 넣은 케첩도 높은 인기를 구가하기 시작했다. 이때의 영향으로 인해 영국에선 아직도 버섯케첩을 어렵지 않게 구할 수 있다.

케첩의 여행은 다시 시작된다

여러분이 학교에서 케첩에 대한 수업을 여기까지 듣고 또 다시 시험을 보게 되었다고 해보자. '토마토가 들어간 케첩은 어디서 처음 만들어졌을까요?'라는 문제를 접한 여러분. 강의실 전체가 술렁이기 시작했다. 교수님이 출제범위를 착각해서 아직 배우지 못한 부분을 내버리는 대참사가 발생한 것이다.

절체절명의 위기에 봉착했지만 고수는 절대 당황하지 않는 법. 침착히 지난 수업들을 곱씹어 본다. 언뜻 중국과 영국이 떠올랐지만 이 둘 중 하나를 적는 건 하수 중의 하수가 하는 짓. 유럽에서 토마토가 가장 일찍 뿌리내린 나라인 이탈리아를 떠올렸다면 매우 합리적인 추론이다. 하인즈라는 발음이 내뿜는 강렬한 게르만의 냄새 때문에 독일을 생각한 사람도 있을 것이다. 하지만 안타깝게도 이 문제의 정답은 미국이다.

미국에서 토마토는 금단의 과일이었다. 물론 토마토를 채소라고 생각하는 사람들을 무시할 생각은 아니다. 하지만 금단의 채소보다는 금단의 과일이 무언가 비장해 보이기에 이렇게 적음을 용서해 주시라. 영국인 이민자들에 의해 토마토에 독이 있다는 낭설이 퍼지면서 19세기 초까지도 토마토는 미국 사람들에게 외면 받았다.

이렇게 박복한 토마토 인생에 매우 중요한 두 명의 귀인이 나타나게 되는데 그 중 첫 번째는 바로 군인이자 원예가였던 로버트 존슨Robert Gibbon Johnson이었다. 뉴저지에 살고 있었던 존슨은 지역 원예학회 회장을 역임하고 있으면서 토마토의 보급에 앞장섰던 인물이었다. 그는 사람들의 불신을 종식시키고자 마을광장에서 공개적으로 토마토를 먹는 시범을 보이겠다고 선언했다.

요즘 유행하고 있는 먹방이었던 셈인데 이 광경을 보기위해 무려 2,000명의 구름관중이 몰렸다고 하니 당시 토마토에 대한 불신이 어떠했는지 충분히 짐작할 수 있을 것이다. 다행히도 이 날의 행사는 단 한 명의 사망자(?) 없이 성공적으로 끝이 났다.

이 세계최초의 먹방쇼 덕분에 토마토는 미국에서 조금씩 입지를 넓혀갈 수 있었는데 여기에서 두 번째 귀인을 만나게 된다. 바로 케첩이었다.

미국인들은 영국에서 수입되는 값비싼 케첩 대신 자신들이 직접 케첩을 만들어 먹기 시작하면서 케첩에 토마토를 넣기 시작했다. 누가 처음 이 역사적인 만남을 주선했는지는 정확히 알 수 없지만 케첩과 토마토의 만남은 여러분도 아는 대로 엄청난 파급력을 낳았다. 남북전쟁이 끝나고 미국 땅에는 무려 100여개의 케첩 공장이 난립해 있었는데, 그야말로 케첩 백가쟁명 시대라 할 만 했다.

하지만 난세는 필연적으로 영웅을 낳는 법. 어지러운 케첩시장을 평정한 것은 돌연 나타난 하인즈였다. 독일 이민자 출신의 부모님 밑에서 자란 헨리 하인즈는 집 앞 텃밭에서 기른 채소들을 내다 팔다가 회사를 설립해 본격적으로 식품사업에 뛰어들었다.

당시 토마토케첩의 가장 큰 문제점은 쉽게 상한다는 점이었는데, 하인즈는 투명한 유리병에 케첩을 담아서 팔기 시작하면서 대박을 터트렸다. 내용물이 상했는지 쉽게 확인할 수 있어서 소비자에게 신뢰감을 주었기 때문이었다. 이후, 맛과 보존성을 높이기 위해서 설탕과 식초를 다량으로 첨가하면서 현재 우리가 먹고 있는 케첩의 원형이 탄생하게 되었다.

헨리 하인즈는 투명한 유리병에 케첩을 담아서 팔기 시작하면서 대박을 터트렸다.

자 이제 앞으로 돌아가서 '서양 소스 케첩'에 들어있는 오류를 바로 잡아보도록 하자. 우선 케첩의 종류를 확실히 해 둘 필요가 있다. 버섯케첩인지 토마토케첩인지 또는 바나나케첩인지(바나나 케첩은 실제 동남아시아에서 널리 쓰인다) 말이다. 또한 동양에서 탄생한 케첩이 서양으로 넘어가 현지화된 것이므로 서양 소스가 아니라 서양식 또는 서양풍이라고 해야 올바를 것이다. 따라서 '원래는 동양에서 탄생한 생선액젓이었지만, 유럽으로 건너가 여러 가지 변화를 거쳐 토마토가 첨가된 서양풍 소스로 변신한 케첩'이라고 해야 올바른 문장이라 할 수 있다. 여러분은 이것을 명심하고

일상생활에서 널리 사용하길 바란다. 물론 나는 그냥 '케첩'이라
는 말을 쓸 테지만.

02

나폴레옹의 사전에
통조림이란 단어를 만들어라

매일 참치를 먹고 싶었다

도시락을 경험해 보지 못한 지금의 급식세대들에겐, 하나의 책상에 여러 명이 둘러 모여 도시락을 까먹는 모습이 옛 세대의 낭만쯤으로 보일지 모르겠다. 하지만 당시의 점심시간은 언제나 묘한 긴장이 감돌았다. 친구들의 집안 사정이 가장 극명하게 드러나는 순간이 바로 이때였기 때문이다.

항상 문어 모양으로 칼집낸 비엔나소시지며 불고기같이 고기 반찬을 싸오는 유복한 친구가 있는가 하면, 콩자반이나 멸치 같은 밑반찬을 주로 싸오는 친구도 있고, 카레나 김치찌개 같은 국물류를 자주 아들 손에 들려 보내주시던 어머니도 있었다. 가끔 가다 김밥을 꺼내는 녀석들도 있었는데 이런 경우는 십중팔구 집안의 형제 중 누군가가 소풍을 간 것이다. 내 기억 속 가장 생뚱맞았던 것은 삼계탕이었는데 복날에 식구들끼리 삼계탕을 해 먹고 남은 것을 다음 날 싸왔던 것으로 기억한다.

간편하게 먹을 수 있는 가공식품을 자주 가져온 아이들의 집은 대체로 맞벌이가 많았다. 포장을 뜯으면 바로 먹을 수 있는 김이 단골 메뉴였고, 때때로 컵라면도 등장해 친구들에게 '한 입만'을 들어야 했다. 하지만 뭐니 뭐니 해도 가장 인기가 많았던 것은 동그란 금속 안에 들어 있는 참치 통조림이었다.

'따각!'하는 경쾌한 소리와 함께 참치 캔이 열리면 참치와 기름의 고소한 향이 교실 안에 퍼지기 시작하는데, 야채참치일땐 좀 더 들큰한 냄새가, 고추참치일땐 매콤한 향이 코끝을 자극했다. 그리곤 다른 반찬들보다 훨씬 빠른 속도로 양이 줄어들어 금세 딸그락 거리며 금속바닥을 드러냈다. 그제야 참치 약탈자들은 아쉬운 입맛을 다시며 두부조림이나 콩나물무침 같은 다른 반찬들로 젓가락을 옮겼다.

이렇게 맛있는 참치를 매일 먹을 수 있으면 좋으련만 그런 기회는 자주 있지 않았다. 일주일에 한 번은 고사하고 한 달에 한 번 영접하기도 어려울 때가 있었다. 여기엔 여러 가지 복잡한 원인들이 작용했다고 생각하는데 통조림이라는 음식의 이미지와 애매한 가격이 주요한 원인이지 않았을까 한다.

통조림의 아버지

통조림은 나폴레옹이 유럽을 상대로 전쟁을 벌이던 중에 탄생한 물건이다. 기동력을 생명으로 삼았던 나폴레옹군은 필요한 군장만 짊어진 채로 빠르게 이동했고 대부분의 물자들을 현지에서 조달했다.

당시 프랑스 병사들이 총보다 더 중요시했던 물건이 있었는데 바로 냄비였다. 병사들이 보급받았던 고기는 뼈와 힘줄이 그대로 붙어있는 하품 중의 하품이었고 빵도 너무 딱딱했다. 이것들을 그나마 먹을 만하게 만들려면 모든 것을 한데 넣고 잡탕을 끓여 먹는 게 가장 최선의 방법이었는데 그러기 위해선 냄비가 필수였던 것이다.

자신들도 모르는 사이에 세계최초로 부대찌개를 발명한 나폴레옹 군에게 냄비 다음으로 중요한 것은 땔감이었다. 어디에도 있을 것 같지만 어디에도 없는 것이 나무여서 식사를 할 때마다 병사들은 땔감을 찾으러 뿔뿔이 흩어져야 했다. 때문에 병사들은 전투를 하기도 전에 피로가 누적이 되었고 이것은 사기문제로 직결되었다. 적들에게 기습공격의 빌미를 주는 것은 덤이었다. 나폴레옹은 이 문제를 타개할 방책을 마련하기 위해 12,000프랑에 달하는 상금을 걸고 아이디어 공모전에 나섰다.

통조림은 나폴레옹이 유럽을 상대로 전쟁을 벌이던 중에 물자를 공급하기 위해 탄생하였다.

　때마침 이 문제를 예전부터 연구해오던 사람이 있었다. 셰프이자 제과점을 운영하던 니콜라 아페르Nicolas Appert는 음식의 장기 보존에 관심을 가지고 있던 사람이었다. 당시는 아직 파스퇴르가 세균의 존재를 밝히기 전이었기 때문에 음식이 왜 상하는지 전혀 알지 못하던 상황이었다. 아페르는 음식과 공기가 닿으면 썩을 것이라는 가정을 세우고 음식을 밀봉할 방법을 연구 중이었다.

　그러던 중 와인병을 보고 아이디어를 떠올리게 되었다. 와인병 안에 와인 대신 음식을 넣어 보자는 발상의 전환을 해 낸 것이다. 아페르는 음식이 들어있는 와인병을 코르크로 막아서 밀랍으로 밀봉까지 해버려 공기와의 접촉을 완전히 차단해 버렸다. 그리고 연구끝에 와인병 안의 음식을 저온으로 익히는 방법까지

병조림은 음식을 장기 보존하는 데에는 탁월했지만 전쟁 중인 군부대에서 쓰기엔 적절치 않았다.

추가했는데 지금으로 치면 저온살균방식의 병조림을 개발해 낸 셈이었다.

그가 상금을 받았는지는 확실치 않다. 병조림 안에 꿩고기, 채소 등의 음식들을 넣어서 나폴레옹에게 전달한 뒤 그 자리에서 현찰로 12,000프랑을 받았다는 매우 구체적인 이야기도 있고, 병조림을 프랑스 산업 박람회에 출품했지만 상금은 받지 못했다는 이야기도 존재한다.

어찌되었든 이 획기적인 저온살균 병조림이 그가 처음으로 고안해낸 방식임은 확실했다. 그리고 얼마 뒤,《육류와 채소를 몇 년간 저장하는 방법The Art of Preserving Animal and Vegetable Substances for Several Years》이라는 책까지 펴내며 50여 가지의 음식을 저장하는 방법을 소개하기도 했다.

그런데 안타깝게도 이 병조림은 프랑스 군의 보급문제를 해결해 줄 구원투수가 되지 못했다. 병조림은 음식을 장기 보존하는 데에는 탁월한 능력을 발휘했지만 전쟁을 수행중인 군부대가 쓰기엔 적절치 않았던 것이다. 일단 유리병이 너무 무거웠다. 무거운 만큼 튼튼하지도 않았다는 것이 가장 치명적인 약점이었다. 운반 도중에 깨져버리는 일은 다반사였고 병과 코르크를 충분히 밀봉해주기에는 밀랍의 접착력이 너무나 약했다.

통조림의 어머니

그런데 당시 음식의 장기보존은 프랑스 군만의 문제가 아니었다. 바다 건너 영국 또한 그 누구보다 음식보존기술에 목말라 있던 나라였다. 당시 영국에게 코앞의 나폴레옹 군이 절체절명의 위협이 되는 존재인건 분명했다. 하지만 이미 트라팔가르 전투에서 프랑스와 스페인 연합 해군을 괴멸시킨 전적이 있던 영국 군은 유럽이 아닌 아프리카와 아시아의 식민지로 향해 있었다. 바야흐로 해가 지지 않는 대영제국이 본격적으로 태동하는 시기였는데 영국의 식민지 개척과 운영에 있어서 가장 큰 방해물은 나폴레옹이 아닌 영양실조와 괴혈병이었다.

콜럼버스가 신대륙을 발견하고 대항해시대가 시작된 이래로 300년간 변하지 않는 것이 있었다면 그건 바로 선원들의 음식이라고 단언할 수 있다. 배에 실을 수 있는 음식이라곤 장기보존이 가능하게끔 소금에 절인 고기와 물기를 최대한 제거한 비스킷뿐이었는데 이 마저도 곰팡이가 피거나 썩어버리기 일쑤여서 선원들은 항상 굶주림에 노출되어 있었다.

실제로 18세기의 세계대전이라고 일컬어지는 7년 전쟁에서 사망한 영국 해군의 절반이 영양실조 때문이라는 통계가 있을 정도로 음식문제는 선원들에게 가장 큰 위협이었다. 하지만 영양실조보다 더 큰 위협은 비타민 C 결핍으로 생기는 괴혈병이었다.

비타민 C가 부족해지면 체내 콜라겐 단백질이 생성되지 않아서 치아가 빠지거나 피부에 궤양이 생기고 면역력이 약해져 결국엔 죽음에 이른다. 신선식품이라곤 찾아 볼 수 없는 배 안에서 괴혈병은 걸렸다하면 예외 없이 죽음에 이르는 치명적인 질병이었다.

대체 왜 사람이 죽는지 원인조차 알 수 없었던 괴혈병의 정체가 밝혀진 건 18세기 중반 영국의 의사 제임스 린드James Lind에 의해서였다. 제임스 린드는 레몬이나 라임 같은 신선한 과일을 먹으면 괴혈병이 낫는다는 것을 실험을 통해 입증했다. 그 뒤로 영국 해군은 배에다가 라임을 싣고 다니면서 라임주스를 먹었는데 때문에 영국 해군에게는 '라이미Limey'라는 별명이 붙었다.

영국의 상인이었던 피터 듀란드Peter Durand가 신선한 음식을 오래 보관할 수 있는 통조림을 만들려고 했던 건 이러한 사회적 분위기가 한 몫 했을 것이다. 프랑스에서 살균밀봉한 병조림이 나왔다는 소식을 전해들은 듀란드는 병조림의 최대 단점인 병 그 자체를 바꿔보고자 했다. 깨지지 않고 단단한 것이라면 금속 만한 게 없지만, 금속은 음식과 만나면 쉽게 산화한다는 단점이 있었다. 피터 듀란드는 금속에 주석 도금을 한 양철로 이 문제를 해결했다.

주석은 쉽게 산화하지 않고 물과도 반응하지 않기 때문에 음식을 보존하는 용기로서는 안성맞춤이었다. 게다가 주석은 납 땜에도 유리한 금속이었기 때문에 밀봉을 하는 데도 유리했다. 그리하여 1810년 8월 25일 세계최초의 통조림 특허가 영국에서 출원되었다. 당시 홍차나 커피 등을 보관하는 통을 캐니스터 Canister라고 불렀는데 피터 듀란드가 만든 통조림은 여기에 주석을 입혔다는 뜻의 틴 캐니스터Tin Canister라고 불렸고 이것이 오늘날 캔Can의 어원이 되었다.

드디어 인간에게 통조림보다
작은 통조림 따개가 생기다

자물쇠란 것이 무엇을 잠그기 위해서 필요한 것이긴 하지만 필요할 때 열 수 없다면 존재의 가치가 있을까? 통조림 또한 음

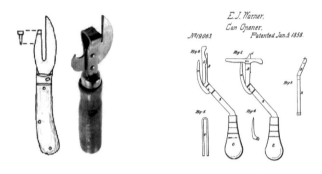

로버트 예이츠는 지렛대의 원리를 이용한 갈고리 모양의 통조림 따개를 발명했다.

식을 오래 보관하기 위해서 발명된 물건이지만 꺼내 먹을 수 없다면 대체 무슨 소용이 있을까? 그런데 기록에 의하면 최초의 통조림 따개는 1855년, 그러니까 통조림이 발명된 지 무려 45년이 지난 뒤에야 이 세상에 나왔다.

군인들은 대검으로 통조림 뚜껑을 쑤셔 따다가 손을 다치기 일쑤였고 화가 나 총으로 통조림을 박살내버리기도 했다. 1854년까지도 통조림을 따는데 가장 최적의 물건은 망치와 끌이었다. 끌을 통조림 뚜껑에 대고 조각하듯이 망치로 살살 쳐서(뚜껑을 열 수 있는 힘과 내용물이 튀어 나오지 않을 힘 사이 그 어느 접점을 기가 막히게 포착해서) 뚜껑 위를 한 바퀴 완주하는 수고를 한 끝에야 음식을 먹을 수 있는 자격을 얻었다.

19세기 중반 통조림이 공장에서 대량생산되는 시기를 맞이했음에도 불구하고 그다지 대중화 되지 못한 데에는 통조림을 따는 것이 너무 번거로웠기 때문이다. 필요는 발명의 어머니라는 말이 무색할 정도로 인간들은 오랫동안 통조림을 따는 것에 큰 관심을 기울이지 않았는다. 몇 년씩이나 음식을 보존해주는 신성한 통조림을 감히 도구를 발명하는 불순한 행동까지 하면서 열어젖혀야겠다는 생각 자체를 못 한 것이 었을까?

처음으로 신성모독에 도전한 사람은 런던 근교에 살던 로버트 예이츠Robert Yates 였다. 그는 식사용 나이프와 수술용 도구를 만들었기 때문에 금속을 다루는 것에 능숙한 사람이었다. 예이츠는 지렛대의 원리를 이용한 매우 단순하고 튼튼한 갈고리 모양의 통조림 따개를 발명했다. 드디어 인간에게도 통조림보다 작은 통조림 따개가 생긴 것이다.

하지만 애석하게도 세계최초의 통조림 따개 특허는 그가 아니라 2년 뒤인 1858년에 미국인 에즈라 워너Ezra Warner가 취득하는 영광을 안았다. 에즈라 워너가 발명한 따개는 로버츠 예이츠의 지렛대 방식을 차용하고 있었지만, 구조가 더 복잡했고 여는 방법 또한 더 힘들었다.

이성적인 사고를 하는 사람이라면 당연히 로버츠 예이츠의 것을 썼겠지만 미국 육군은 남북전쟁 도중 에즈라 워너의 따개를 군용으로 채택하게 되는데, 혹시라도 '국경을 초월해서 군인들의 보급품은 왜 항상 실용적이지 않은가'에 대한 연구를 하는 사람이 있다면 이 사례를 살펴보아도 좋을 것이다.

통조림은 남북전쟁을 계기로 본격적으로 미국 전역으로 퍼져 나갔다. 기술도 개량되어 예전보다 얇게 만드는 게 가능해졌는데 이에 발맞춰 이전보다 훨씬 사용하기 쉬운 여러 방식의 따개들이 쏟아져 나왔다. 1866년에는 열쇠를 구멍에 꽂고 돌돌 말아서 뚜껑을 벗기는 키 오프너 방식이 특허를 취득했고, 통조림의 가운데 부분에 뾰족한 막대기를 찔러 넣고 컴퍼스처럼 뚜껑을 따는 로테이팅 휠Rotating Wheel 방식도 곧이어 등장했다.

미국의 자비없는 스팸폭격이 이끌어낸
제2차 세계대전의 승리

스팸은 미국의 호멜푸드Hormel Foods가 1937년에 처음 선보인 물건이었다. 당시 호멜푸드는 미군에 통조림 햄을 납품하던 회사였는데, 햄을 만들고 남은 찌꺼기도 통조림으로 만들어 보자는 아이디어에서 탄생한 것이 바로 스팸이었다.

찌꺼기들을 싹싹 긁어모아 갈아버리고는 적당한 첨가물을 넣어 양념을 한 뒤 통조림으로 만들었던 것인데 기존 통조림보다 싸면서 나름 먹을 만한 음식이 탄생해 버렸다. 호멜푸드는 기존에 팔던 햄 통조림과 차별화를 두기 위해서 100달러를 걸고 이름 공모전을 펼쳤는데 양념햄Spiced Ham을 줄인 스팸Spam이라는 단어가 낙점되었다.

당시 유럽은 제2차 세계대전의 화마에 휩싸여 있는 상태였다. 독일군에게 속절없이 밀리던 유럽 전역은 미국의 참전으로 대역전의 발판을 마련할 수 있었다. 미국은 전쟁물자를 준비하면서 장기보존이 가능한 육류를 찾고 있었는데, 스팸은 이 기준에 정확히 부합하는 물건이었다. 미국은 대서양 너머로 자신들의 청년들을 보내면서 그들의 손에 스팸도 함께 쥐어 보냈다.

당시 새롭게 떠오르던 세계 최강자 미국의 막강한 보급력은 유럽인들을 놀라게 했다. 전방, 후방, 군인, 민간인을 가리지 않고 미국의 무자비한 스팸폭격이 가해졌다. 비만 오면 질척이는 진흙밭으로 변하는 참호 속에서

호멜푸드는 기존의 햄 통조림과 차별화를 두기 위해서 이름 공모전을 펼쳐 스팸이라는 단어가 낙점되었다.

몇 날 며칠이고 버티던 유럽의 군인들과는 반대로, 참호 바닥을 스팸으로 채워 단단한 땅을 밟고 다녔다는 미군들의 이야기가 전설처럼 전해질 정도였으니 말이다.

어느 기록에 의하면 당시 유럽에 뿌렸던 스팸의 양이 1억 5천 파운드 즉 약 6만 8천톤에 달했다고 하는데, 이것을 요즘 판매하는 340그램짜리 캔으로 환산해 보면 무려 2억개의 스팸이 보급된 셈이다.

영국은 민간인에게도 식량배급제를 실시할 정도로 식량사정이 좋지 않았는데, 스팸은 몇백 년 전 같은 루트를 통해 영국으로 왔던 신대륙의 감자와 옥수수에 버금가는 축복이었다. 아직은 10대 소녀시절에 스팸을 먹어보았던 마가렛 대처 수상은 이것을 '전쟁별미Wartime Delicacy'라고 추억하기도 했다.

동부전선에서 외로이 나치와 싸우던 소련은 서쪽의 비옥한 토지를 빼앗기고 심각한 식량부족을 겪고 있었는데 여기에도 미군의 은혜로운 스팸폭격이 가해졌다. 훗날 공산당 서기장인 니키타 흐루쇼프는 "스팸이 없었으면 우리 군대를 먹이지 못했을 것"이라며 당시를 회상했는데 가히 스팸이 제2차 세계대전을 연합군의 승리로 이끈 것이나 다를 바 없었다.

인생 2회차

하지만 스팸의 영광은 딱 여기까지였다. 전쟁이 끝나자 유럽인들은 스팸을 외면하기 시작했다. 스팸은 어디까지나 햄의 싸구려 대용품일 뿐이었지 주인공이 될 수 없었기 때문이다. 하지만 여기서 주저앉기엔 스팸의 앞날이 아직도 많이 남아있었다. 스팸은 미군이 가는 곳이면 어디든 쭐래쭐래 따라갔는데 지구 반대편 한국에 상륙하면서부터 인생 2막이 펼쳐졌다. 한국전쟁이 끝나고 폐허가 된 한국에서 미군부대에서 흘러 나와 암시장으로 퍼진 미제 통조림들은 단박에 한국인의 혀를 사로잡는데 성공했다.

소위 미제 아줌마로 불리는 사람들은 단속을 피해가며 스팸과 초콜릿 비누 등을 팔았고 남대문 도깨비 시장에서는 보란 듯이 좌판에다가 미제 물건들을 깔아놓고 장사를 했다. 시장에서 판다고해서 이 물건들이 절대 싼 것이 아니었다. 특히나 통조림이 그랬다. 미국과 유럽에선 싸구려 취급을 받는 깡통음식들이 었지만 물자가 부족했던 한국에선 평소 먹어보지 못한 진미 대접을 받았다.

이 미제 깡통들의 마지막 전성기는 80년대였다. 90년대가 되면서 한국의 소득이 높아지고 본격적인 중산층의 시대로 접어들

었는데 나의 학창시절은 바로 이 무렵이었다. 당시 통조림 음식
은 고급과 싸구려 그 중간 어디쯤의 애매한 곳에 위치해 있었다.
참치 통조림 또한 가격은 결코 싼 게 아니었지만 아들의 도시락
에 딸려 보내는 것은 영 찜찜하던 그런 물건이었다. 그런 걱정은
접어 두셔도 되었는데 말이다.

03

KFC와 양념치킨

소울브라더와 소울시스터의 음식 프라이드치킨

최근 유행하는 말 중에 '소울푸드'라는 것이 있다. 한국 사회에서는 된장찌개나 김치찌개같이 어릴 때부터 쭉 먹어오던 정감 있는 음식이나 영혼을 달래주는 음식 정도로 통용되는 듯하다. 왜인지는 모르겠지만 뭔가 뜨끈한 국물류에 소울푸드라는 단어를 붙이기 좋아하는 것 같은데 투박한 뚝배기에 담겨 보글보글 끓어오르는 모습이 소울푸드같이 느껴지는 느낌 같은 느낌이 있나보다.

자주 접하게 되는 말 중에서 소울이라는 단어가 들어가는 게 또 있다. 바로 '소울음악'이다. 앞선 소울푸드와 단어의 등가성을 생각해 본다면 어릴 때부터 듣던 정감 있고 영혼을 달래주는 음악을 소울음악이라고 해석해야겠지만 그 누구도 소울음악을 이렇게 정의하지 않는다. 소울음악은 재즈에서 파생되어 나온 흑인들 고유의 음악이며 한때는 백인들에게 천시 받던 음악이기도 했다.

사실 소울은 영혼이라는 원래 뜻 외에도 미국 흑인문화 전반을 지칭하는 대명사적 기능도 함께 수반하고 있다. 1960~70년대 흑인들은 자신들의 권력을 신장시키기 위한 여러 가지 사회 운동들을 활발히 전개해 나갔다. 이때부터 흑인들은 백인들과는 다른 자신들만의 고유한 정체성을 나타내기 원했고 '소울'이라는 단어를 사용하기 시작했다.

흑인들은 서로를 소울브라더와 소울시스터라고 부르기 시작했고 백인들의 전유물이었던 로큰롤과 차별되는 소울음악을 만들어 불렀다. 남부를 떠나 낯선 북부도시로 이주한 흑인들은 고향에서 먹던 음식들을 그리워했고 그 음식들을 소울푸드라고 명명했다. 더 정확히는 목화밭에서 고된 노동을 하던 노예시절, 풍족하지 못한 재료들로 만들어 먹던 그 때 그 시절의 음식들 말이다. 그리고 그 중에는 우리가 즐겨먹는 프라이드치킨도 있었다.

마님은 돌쇠에게 왜 치킨을 먹였나?

프라이드치킨이 노예들의 소울푸드라는 게 잘 이해가 가지 않는 사람도 있을 것이다. 한국인들에게 프라이드치킨이란 빈곤과 결핍과는 정반대인 풍요로 대표되는 음식 아니던가. 우선 채소가 아닌 고기라는 점에서 그렇고, 음식을 흠뻑 적셔 튀길 수 있는 넉넉한 양의 기름이 필요하다는 점에서도 그렇다.

한국인들의 어린 시절 치킨에 대한 추억은 매우 다채로운 스펙트럼을 자랑한다. 얼룩덜룩 기름 먹은 누런 갱지에 시장표 통닭을 담아오던 술 취한 아빠의 모습을 떠올리는 세대가 있는가 하면, 생일날 잔칫상에 치킨이 올라와 있었던 것을 기억하는 세대도 있고, 어플로 할인 정보를 꼼꼼히 비교해가며 치킨을 주문하는 세대가 존재한다. 하지만 이 모든 것은 대한민국이 조금씩 살기 시작하던 70년대부터 쌓인 추억이라는 대전제가 깔려 있다.

아직도 미군부대 짬통을 뒤져 부대찌개를 만들어 먹었다거나, 꿀꿀이죽 사먹을 돈도 없었다거나 하는 세계 최빈국 시절의 대한민국 영상을 티비에서 자주 접하는 우리로선, 노예들이 치킨을 먹었다는 사실 자체가 잘 믿기지가 않는다. 조선에선 특수 이해관계 때문에 마님이 마당쇠에게 고깃국을 하사하는 경우가 종종 있었다지만, 대체 미국에선 어떤 연유로 노예들에게까지 그 귀한 치킨을 먹였단 말인가.

튀기면 신발도 먹을 만하다

미국의 역사를 단순히 영국인들의 이민 역사라고 생각하면 큰 잘못이다. 특히 우리가 영국을 지칭하는 단어의 문제 때문에 더더욱 오해를 하기가 쉬운데, 엄밀히 말해서 미국의 역사는 잉글랜드인, 스코틀랜드인, 아일랜드인, 독일인, 네덜란드인, 웨일스인 등 다양한 아이덴티티를 가진 사람들이 이주해온 역사이다. 당연히 그들은 같은 아이덴티티를 가진 사람들끼리 모여살기 시작했는데 그중에서도 스코틀랜드인들은 주로 남부지방으

로 내려와 농사를 짓기 시작했다.

이들은 주로 담배나 인디고, 쌀 등의 농사를 지었지만 역시나 가장 큰 비중을 차지했던 건 목화 농사였다. 미국의 목화는 유럽에서 인기가 높아서 큰돈을 벌어다 주는 작물이었지만 엄청난 노동력이 필요하다는 단점이 있었다. 목화솜을 일일이 손으로 따야하는 건 물론이고 솜 속에 파묻혀있는 목화씨도 전부 손으로 걸러내야 했기 때문에 엄청난 노동집약적 농업이었던 것이다. 바로 이 목화 때문에 아프리카 노예들이 대거 미국으로 끌려오게 되었다.

노예의 삶이란 비참한 것이었다. 닭이 울기도 전에 감독관의 채찍소리에 잠이 깬 노예들은 언제나 철통같은 감시 하에서 일을 해야만 했다. 게으름을 피우면 가차 없이 채찍이 날라오는 건

물론이었다. 고된 노동을 견디다 못해 도망치는 노예들도 생겨났는데 이들 대부분은 다시 잡혀 와서 주인 이름으로 얼굴에 낙인이 찍히는 형벌을 받아야만 했다.

하루 중 그나마 즐거운 시간이 있다면 점심시간이었다. 노예들은 보통 12시에서 2시까지 2시간의 점심시간을 가질 수 있었는데 이때 집으로 돌아가 어린 자식들의 밥을 챙겨 먹이고는 2시가 되면 칼같이 농장으로 나와야 했다. 노예들이 먹는 음식이라야 별거 없었다. 남부에서 흔하게 자랐지만 줄기가 억세서 아무도 먹지 않던 콜라드 그린Collard Green을 푹 익혀서 먹거나 고향 아프리카에서 가져와 싹 틔운 오크라를 튀겨 먹기도 했다. 미국에서 가장 흔해빠진 옥수수도 빠질 수 없었다.

가끔은 고기를 맛볼 수 있는 날도 있었다. 닭의 목이나 날개처럼 뼈가 많아서 주인이 버린 부위를 주방에서 일하던 노예가 싸오는 날이 바로 그날이었다. 이런 닭의 부속들은 기름에 푹 담가 딥프라이Deepfry 방식으로 바싹 튀겨먹었는데, 그래야지만 뼈째 먹을 수 있었기 때문이다.

딥프라이 방식은 스코틀랜드인 주인의 요리를 해주다가 습득하게 된 방법이었다. 잉글랜드인들은 오븐에 구운 로스트치킨을 선호했던 반면 스코틀랜드인들은 프라이팬에 '프라이'하는 방법을 선호했는데, 주방에서 조리를 하던 노예들도 이 방법대로 닭

요리를 해먹기 시작한 것이다. 하지만 목이나 날개 같은 부위들은 단순히 프라이팬에 튀기는 방식만으로는 먹기가 힘들었다. 그래서 고온의 기름에 담가 뼈까지 익혀버리는 딥프라이 방식을 고안해 낸 것이다. 튀기면 신발도 먹을 만했기 때문이다.

그래도 기름이나마 풍족하게 먹을 수 있었던 건 남부의 농업 구조 때문이었다. 당시 남부는 돼지의 먹이가 되는 땅콩과 옥수수가 풍부했기 때문에 소보다는 돼지를 훨씬 많이 키우고 있었다. 그래서 돼지기름을 굳힌 라드유와 목화씨를 짠 면실유가 넘쳐났고, 덕분에 노예들도 기름을 충분히 써서 요리할 수가 있었던 것이다. 소울푸드 중에 기름에 튀겨먹는 음식이 유독 많은 것도 이러한 연유이다.

장충동이 아니어도 장충동 족발은 맛있다

딥프라이 방식의 치킨은 20세기 초까지도 흑인들이나 먹는 싸구려 음식 취급을 받으며 백인들은 입에도 대지 않았다. 비빔밥이 제아무리 맛있다고 한들 각설이들이 이집 저집 돌면서 함지박에 동냥해온 비빔밥은 양반들의 품위에 맞지가 않다. 반짝거리는 방자유기에 법도에 맞춰 색색깔로 가지런히 담아낸 골동반이야 말로 지체 높으신 분들에게 맞는 음식인 것이다.

인종차별이 당연하듯 성행했던 당시 미국에서 흑인들이 먹는 음식을 백인이 먹는다는 건 가당치도 않은 소리였다. 무릇 백인들에게 치킨 요리란 오로지 가슴살만을 사용해 오븐이나 팬에 구워서 나이프와 포크로 잘라서 먹는 음식인 것이지, 천박하게 뼈째로 튀겨서 손으로 먹는 음식이 아니었던 것이다.

이렇게 천대받던 흑인들만의 소울푸드 치킨이 전 세계인이 사랑하는 음식으로 바뀐 가장 결정적인 사건은 그 유명한 KFC의 등장 때문이었다.

KFC의 창립자이자 일명 켄터키 할아버지로 불리는 커널 샌더스Colonel Sanders는 어린 시절 부모의 재혼과 가정폭력 등으로 집을 나와 일찍부터 생업전선에 뛰어들었다. 어린 시절 나이를 속여 군대에 입대한 사실이 있긴 하지만 그가 '커널(대령)' 칭호를 받은 건 군대가 아니라 켄터키 주로 부터였다. 켄터키에서는 지역사회를 위해 공헌한 사람들에게 커널이라는 명예직위를 수여했는데 샌더스도 이 명예직위를 받은 사람 중 하나였던 것이다.

이것저것 안 해본 일이 없던 샌더스는 주유소를 하나 차리게 되었는데 운전자들을 상대로 밥도 함께 팔기 시작했다. 이것이 인기가 있었던지 주유소 맞은편에 아예 카페를 따로 차리게 되는데 바로 이때 KFC의 닭튀김 요리가 탄생하게 되었다. 하지만

KFC의 창립자이자 일명 켄터키 할아버지로 불리는 커널 샌더스는
솔트레이크시티에서 켄터키 프라이드치킨 1호점을 열었다.

샌더스가 처음부터 닭을 튀겨서 팔았던 건 아니다. 처음에는 백인답게 닭을 프라이팬에 구워서 요리를 했지만 조리시간이 너무 오래 걸렸다. 이 단점을 보완하기 위해 닭에다가 여러 가지 허브와 양념을 입히고 압력솥에 넣고 재빨리 튀겨버리는 자신만의 레시피를 만들었고 이것이 입소문을 타면서 사람들이 몰려들기 시작했다.

그런데 제2차 세계대전이 발발하자 그의 사업은 곤두박질치고 말았다. 물자가 부족해진 정부는 휘발유 배급제를 실시했는데 이 불똥이 샌더스에게로 튀었다. 휘발유가 귀해지자 아무도 차를 끌고 나올 생각을 하지 않았는데 여행객을 상대로 장사를 하던 샌더스가 직격탄을 맞게 된 것이다. 엎친 데 덮친 격으로 새로운 고속도로가 그의 가게와 멀리 떨어진 곳에 생기면서 눈물을 머금고 주유소와 카페를 접을 수밖에 없었다.

이렇게 사업에 실패한 그는 전국의 식당을 찾아다니며 자신의 치킨 레시피를 팔러 다녔다. 자신의 레시피대로 치킨을 만들어 팔면 로열티를 받는 프랜차이즈 사업을 식당 주인들에게 제안했지만 문전박대 받기가 일쑤였다. 다행히도 그에게 손을 내민 사람이 있었으니 훗날 웬디즈 버거를 만든 데이브 토마스였다.

그의 도움으로 역사적인 켄터키 프라이드치킨 1호점을 열 수가 있었는데 한 가지 재밌는 점은 그곳이 켄터키 주가 아니라 유타 주 솔트레이크시티였다는 것이다. 장충동이 아니어도 장충동 족발은 맛있듯이 솔트레이크시티의 켄터키 프라이드치킨은 금세 인기를 얻었다.

외세도 감히 뚫지 못했던 치킨쇄국령

미국뿐 아니라 전 세계에서 폭발적인 인기를 얻어 나가던 KFC가 1984년 드디어 한국에도 입성했다. 이제껏 별다른 저항 없이 각국의 치킨 시장을 접수해왔던 KFC였기에 한국 시장도 당연히 무혈 입성할 것이라고 생각했겠지만 이 동양의 작은 나라에선 조금 다른 판도로 게임이 흘러가고 있었다. 바로 양념전쟁이었다.

70년대까지만 하더라도 밀가루 옷만 살짝 입혀서 닭 한 마리를 통째로 기름 솥에 넣고 튀기는 통닭이 치킨 요리의 전부였지만, 80년대 들어오면서 두꺼운 튀김옷에 새콤달콤한 양념을 묻혀 내는 양념치킨이 인기를 끌게 되었다. 한국인들의 혀는 양념치킨에 열광하기 시작했고 동네마다 치킨집들이 우후죽순처럼 생기기 시작했는데 한국 특유의 배달문화까지 합쳐지면서 멕시카나 치킨, 페리카나 치킨, 처갓집 양념치킨 같은 토종 프랜차이즈 브랜드들이 두각을 나타내기 시작했다. 배달 위주의 영업방식으로 인해 매장이 크지 않아도 별 문제가 없어 창업하기에 큰 부담이 없었던 것이다.

양념치킨을 개발해 외세의 치킨으로부터 토종 치킨을 지켜낸 치킨쇄국령 발동권자는 멕시카나 치킨의 창업주 윤종계였다. 1978년 대구에서 2평짜리 가게를 얻어 치킨집을 시작한 그는 손님들이 자꾸 치킨을 남기고 돌아가는 것을 파악하고는 원인 분석에 나섰는데 이유는 두 가지였다. 닭이 뜨거울 땐 잘 몰랐지만 식어버리자 비린내가 났고 게다가 돌처럼 딱딱하게 굳어서 먹기가 불편했던 것이다.

그는 두 가지 문제점을 동시에 잡을 방법으로 치킨에 양념을 묻혀보자는 기가 막힌 아이디어를 떠올렸다. 양념의 맛과 향이 비린내를 잡는 동시에 치킨도 촉촉하게 코팅할 수 있을 것이라 생각한 것이다.

아이디어까지는 좋았지만 만드는 방법이 문제였다. 어떻게 양념을 만들어야 할 지 도통 감을 잡지 못했기 때문이다. 한참을 고민하던 그를 보고 지나가는 할머니가 물엿을 써보라고 조언을 해주었다. 유레카를 외친 윤종계는 곧장 물엿을 섞은 치킨용 양념을 만들었고 이것은 대박으로 이어졌다. 윤종계에게는 그 할머니가 인생을 바꿔준 은인이었던 셈인다.

그런데 여기서 한 가지 짚고 넘어가야 할 부분이 있다. 사실 우리에게는 양념치킨과 맛도 모양도 비슷한 음식이 하나 더 있는데 닭강정이 바로 그것이다. 닭강정이 언제 어떻게 탄생한 음식인가에 대한 의문은 있지만 한 가지 분명한 것은 1972년 7월 11일자 동아일보 기사에 닭강정 만드는 법이 실려 있다는 점이다.

기사에서는 밤톨만 하게 토막 낸 닭을 양념장에 재운 후 튀긴 다음, 장엿에다가 진간장, 설탕, 참기름, 붉은 통고추 등을 끓이다가 튀긴 닭을 넣고 볶듯이 간을 들이면 닭강정이 된다고 나와 있는데, 완전히 식어도 맛이 좋다는 설명까지 곁들여있다. 이 때문에 물엿을 쓰라고 조언을 했던 그 할머니가 닭강정 만드는 법에 착안해 윤종계에게 귀띔을 해준 것이 아닌가 하는 생각도 든다. 어찌되었든 할머니에게 5천만 국민을 대신해서 감사의 말씀을 전한다.

2019년 기준 한국에는 8만 7000여개의 치킨집이 성업 중이다. 이것은 전 세계에 있는 맥도날드의 점포수를 합친 것보다 많은 숫자인데 조만간 한국의 '전통' 음식으로 양념치킨이 소개될 날도 멀지 않은 것 같다.

04

햄버거 전쟁을
종결시킬 자는 누구인가

함박스테이크의 환상이 깨지던 날

어릴 적 외식하던 경양식 집에서 가장 비싼 메뉴는 함박스테이크였다. 돈가스보다 몇 천원은 거뜬히 비싸서 부모님 눈치 보느라 시켜먹지 못하던 음식이어서 그런지 내 마음속의 함박스테이크는 언제나 동경의 대상이었으며 고급음식의 대명사로 자리 잡았었다. 함박스테이크가 사실은 햄버그 스테이크의 일본식 발음을 가져온 것이고 햄버거 패티의 두꺼운 버전과 다름이 없다는 사실을 알았을 때는 많은 실망감이 있었더랬다. 학교 뒷문 점빵 할머니가 500원에 만들어 팔던 싸구려 햄버거와 내 동경의 대상이었던 함박스테이크가 먼 친척도 아닌 가족보다 가까운 사이였다니.

이때가 아마도 음식 이름에 대해 의문점을 가져본 최초의 시기가 아닌가 싶다. 치킨을 넣으면 치킨버거, 밥을 넣으면 라이스버거인데 햄버거는 왜 햄을 넣지 않는 걸까? 패티버거가 올바른 작명이 아닐까? 변변한 패스트푸드점 하나 없던 인구 10만의 촌동네에 살던 그 시절의 나에게 이런 의문을 해소해 줄 사람은 그 어디에도 없었다. 대체 미국인들은 왜 햄이 없는 버거를 햄버거라고 부르기 시작했을까?

여기가 육포와 육회의 나라입니까?

수양제가 113만 대군을 이끌고 요동을 건너 고구려로 쳐들어왔을 때 후방에서 보급을 담당하는 인원은 그 두 배에 달했다는 기록이 있다. 물론 뻑하면 100만 대군 운운하는 중국이기에 300만 명이 전쟁에 참가했다는 기록을 곧이곧대로 믿을 건 못 되지만, 주목할 것은 전투인원의 배에 달하는 보급인원이다. 즉 당시의 전쟁은 직접적으로 전투를 하는 인원보다 뒤에서 화살 나르고 식량 나르고 하는 보급부대의 인원이 훨씬 많았었다는 이야기다.

몽골군은 말린 고기 보르츠 때문에 후방에서 군량미를 나르는 부대가 필요 없었다.

지금도 마찬가지이긴 하지만 당시의 전쟁이란 보급과의 전쟁이라고 봐도 무방했다. 제 아무리 전방의 전투부대가 날래게 이동을 했다 하더라도, 군량미를 싣고 꼬리를 물면서 느릿느릿 기어오는 소달구지 떼를 기다려야만 했다. 게다가 곡식은 포만감이 적어 배가 금방 꺼졌기 때문에 먹어야 하는 양도 많았고 그와 정비례로 군량미 이송에 투입되는 인원도 많아질 수밖에 없었다.

하지만 대제국을 건설한 몽골군은 조금 달랐다. 몽골군의 가장 큰 무기는 빠른 기동력이었는데 서너 마리의 말을 번갈아 타면서 최대한 빨리 적의 요충지로 쳐들어가 방비할 시간을 주지 않는 게 몽골군의 장기였다. 적의 척후병이 몽골군을 감지하고 일주일쯤 뒤에 몽골군이 나타날 것이라는 첩보를 보내면 귀신같은 몽골군은 그 다음날 나타나 성을 공격했다.

게다가 더 위협적이었던 것은 이들이 모두 전투 병사였다는 것이다. 그들이 만 명을 이끌고 원정길에 나서면 만 명 모두가 전투병이라고 봐도 무방했다. 서양의 기사들처럼 무거운 판갑옷 때문에 말에 올라타지 못해 종자를 데리고 다녀야 하는 일도 없었고, 후방에서 군량미를 나르는 달구지 부대도 필요 없었다. 종자를 데리고 다니지 않는 거야 그렇다쳐도 군량미 없이 어떻게 전쟁을 치른단 말인가? 이것은 몽골군이 지니고 다니던 비장의 무기 보르츠Borts 때문에 가능한 일이었다.

몽골군의 주식은 고기였다. 그들은 겨울이 되면 소나 양을 잡아 고기를 가늘게 포 뜨고 북어 말리듯 바싹 말려 놓았다. 수분기가 날아간 고기는 부피도 많이 줄어들고 잘 상하지도 않는 상태가 되었는데 이것이 바로 육포의 원조 격인 보르츠이다. 이 보르츠를 만드는 것은 우리나라에서 김장을 하듯이 몽골인들이 겨울이 오기 전에 꼭 해야 하는 중요한 월동준비 중에 하나였다.

몽골군은 원정길에 나설 때면 이 바싹 마른 보르츠를 북어포 두드리듯 두드려 고운 가루로 만든 다음 소의 위나 방광에 넣어서 말안장 밑에 방석처럼 깔고 다녔다. 그리고 식사 때가 되면 보르츠 가루를 한 두 스푼 떠서 뜨거운 물에 넣고 즉석 3분 고깃국을 만들어 먹었다.

소의 방광 한 자루엔 소 한 마리분의 보르츠가 들어간다는 말도 있는데 이것으로 병사 한 명의 1년 치 식량이 되었다고 하니 정말 기가 막힌 전투식량이 아닐 수 없었다. 이 덕분에 몽골군은 하루에 100킬로미터를 주파하는 기동성을 자랑할 수 있었던 것인데, 그렇다고 이들이 전쟁 내내 지겹도록 마른 고기가루만 먹었던 것은 아니다.

몽골군에게도 나름 보급체계가 있어서 전장에 소나 염소 등을 데리고 다니면서 잡아먹기도 했다. 전시가 아니었다면 이렇게 잡은 고기를 뜨겁게 달군 돌로 익혀먹는 허르헉이라도 해 먹었을 텐데, 한시가 급한 전쟁에서 시간이 오래 걸리는 요리는 언감생심이었다. 어쩔 수 없이 생고기를 말 위에서 씹으며 밤낮으로 달릴 수밖에 없었는데 그냥 먹자니 질겨서 도저히 씹을 수가 없었다. 그래서 생각해낸 게 고기를 잘게 다져 먹는 것이었다.

도축한 고기를 잘게 다져서 뭉친 다음 안장 밑에 깔아두고 달그닥 달그닥 적진을 향해 달리다 보면 엉덩이로 누르는 힘과 말의 체온이 적당히 합쳐서 어느새 부드러운 고기가 되어있었다. 여기에다가 적당한 향신료나 소금간 등을 쳐서 먹었는데 이것이 바로 오늘날 우리가 먹는 육회의 원조 격이라 할 수 있는 음식이다.

러시아인들이 보기엔 이 모습이 굉장히 신기했나보다. 당시 러시아인들은 몽골인을 타타르인이라고 불렀는데, 고기를 생으로 다져서 먹는 것을 타타르 스테이크라고 부르기 시작했다. 타타르 스테이크는 러시아로 전해져 유럽식 향신료뿐 아니라 각종 채소들까지 첨가되어 우리의 생떡갈비와 비슷한 모양으로 변형되었고 유럽 전역으로 확산되기 시작했다.

일단 고기라면 갈고 보는 독일인들

소시지의 나라 독일에서 소시지를 부르는 말은 부어스트Wurst 이다. 돼지를 한 마리 잡아 요리와 햄으로 쓸 것을 제외하면 못 먹는 내장이나 부속들이 남는다. 이것을 갈아서 각종 양념을 한 뒤 돼지창자에 넣어 먹었던 것이 바로 부어스트인데 고기와 햄을 먹지 못하는 서민들을 위한 음식이었다. 부어스트는 만드는 법과 재료 그리고 원산지에 따라 이름이 달라진다. 알려진 바로는 그 종류만 약 1,500종 이상이라고 하니 독일인들의 부어스트 사랑은 한국 사람의 김치사랑 만큼이나 대단하다.

독일 음식 중 '멧Mett'이라는 것도 있다. 멧은 돼지의 부산물이 아닌 살코기만을 갈아서 각종 양념을 한 음식이다. 이것으로 소시지를 만들면 '멧부어스트'가 되고 빵 위에 생으로 얹어 양파를 곁들여 내면 '멧브로첸Mettbrötchen'이 된다. 지구상에서 생고기를 가장 사랑하는 민족인 한국인들도 생돼지고기는 꺼리는데, 익히지 않으면 먹지 않는다는 신념을 가진 유럽인들이 돼지고기 육회를 먹는다는 것이 신기하기만 하다.

이러한 식습관을 가지고 있는 독일인들에게 생고기를 다진 타타르 스테이크는 그다지 낯선 음식이 아니었을 것이다. 당시 유럽은 북해와 발트해를 중심으로 각 도시 간의 경제적 연합을 맺은 한자동맹의 시대를 맞이하고 있었다. 그중에서도 함부르크는 각종 물산이 집결하는 가장 중심이 되는 도시 중 하나였는데 러시아인들이 많이 살아서 러시아항구라고 불리기도 했다. 바로 이곳을 통해서 러시아의 타타르 스테이크가 독일로 흘러들어 왔다.

하지만 제 아무리 생고기를 즐기는 사람들이 많다고 하더라도, 생고기라면 질색팔색하는 사람들이 더 많았을 거라는 건 당연한 이치. 자연스레 타타르 스테이크를 구워 먹는 걸 선호하는 사람들이 나타났을 것이다. 그리하여 몽골에서 출발한 타타르 스테이크는 이곳 함부르크에서 유럽의 가루가 첨가되어 구워먹는 형태로 발전을 하게 되었다.

하지만 일각에선 원조 논란도 있다. 타타르 스테이크가 들어오기 전부터 이미 다진 고기로 만드는 하크스테이크Hacksteak가 발칸반도를 중심으로 유럽에 존재했었다는 것이다. 음식에 관한 이야기들이 대체로 그러하듯 어느 것이 맞는 이야기인지는 정확히 알 수 없다.

하지만 19세기 함부르크인들이 대거 미국으로 이민을 떠나면서 자신들의 음식도 같이 가져간 것만은 분명해 보인다. 이들은 대부분 뉴욕항을 통해 미국으로 들어왔는데 뉴욕항을 중심으로 함부르크에서 온 스테이크 즉, '함부르크 스테이크' 식당들이 늘어서기 시작했다. 그리고 함부르크 스테이크는 시간이 지나면서 영어식 발음인 '햄버그 스테이크'로 불리기 시작했다.

세인트루이스 박람회의 인기 쌍두마차
: 아이스크림콘과 햄버거

1904년 미국 세인트루이스에 열린 세계박람회는 여러모로 기념비적인 행사였다. 뢴트겐이 발견한 엑스레이를 상용화한 엑스레이 기계가 대중들에게 공개되었고 음성을 무선신호로 바꾼 뒤 다시 음성으로 전환하는 무선전화기도 대중들에게 첫 선을 보였다. 시커먼 연기가 나오는 증기기관 대신 전기를 사용한 전차도 사람들의 흥미를 끄는 등 당대 최고의 과학기술들이 세인트루이스에서 선을 보였다.

사람들이 모이는 곳이라면 응당 먹거리 장사가 빠질 수 없는 법. 전국 각지를 대표하는 신기한 음식들이 사람들의 입을 즐겁게 해주었다. 그중에서도 아이스크림콘은 사람들에게 가장 인기 있는 메뉴 중 하나였다. 지금이야 너무나 당연한 아이스크림콘이지만 당시로선 매우 혁신적인 발상이었기 때문이다.

접시에 아이스크림을 담아 주던 기존의 방식 대신 와플을 원뿔로 말고 그 위에 아이스크림을 얹어 팔았는데, 입소문이 나면서 사람들이 구름떼처럼 몰려들기 시작했다. 박람회에 출품된 다른 어떤 발명품보다도 사람들을 즐겁게 해준 발명품으로 기록된 아이스크림콘은 그 인기에 힘입어 기념우표까지 발매되었을 정도였다.

당시로선 매우 혁신적인 발상이었던 아이스크림콘을 먹는 모습은 기념우표로 발매되었다.

그리고 아이스크림콘 못지않게 인기를 구가한 음식이 또 있었다. 뉴욕 트리뷴지는 빵에 햄버그 스테이크를 끼운 새로운 형태의 샌드위치가 박람회장에서 팔리고 있음을 알리며 길거리 음식의 혁신이라 칭하는 기사를 실었는데 이것이 바로 햄버거였다.

그런데 여기서 기록들의 증언이 엇갈리기 시작한다. 어떤 기록에 따르면 박람회장에서 판 것은 애시당초 햄버그 스테이크였는데, 팔다가 접시가 부족해지자 빵에다가 스테이크를 끼워 팔기 시작하면서 탄생한 것이 햄버거라고도 한다. 즉 햄버거가 이곳 세인트루이스 박람회장에서 탄생한 음식이라는 소리이다.

하지만 햄버거가 이곳에서 처음 탄생했다고 말하기엔 무리가 있어 보인다. 박람회 이전부터 햄버거가 팔리고 있었음을 암시하는 증거들이 미국 곳곳에서 발견되고 있기 때문이다. 그래서 햄버거는 이전부터 팔리고 있었지만 박람회 덕분에 유명세를 타게 되었던 것으로 추측된다.

그렇다고 문제가 해결된 것은 아니다. 최초의 햄버거를 누가 만들었는지는 아직까지도 미국에서 큰 논쟁거리기 때문이다. 각지역에서는 미국의 아이콘이 되어버린 햄버거를 서로 자기 지역에서 만들었다고 주장하고 있다. 이것은 지역의 홍보와 관광수입에도 직결되는 문제이기 때문에 지방정부들이 발벗고 나서서 각축전을 벌이고 있는 모양새이다.

위스콘신 주의회는 1885년에 찰리 나그린Charlie Nagreen이 만든 햄버거가 최초의 햄버거라는 선언문을 채택하며 원조 전쟁에 불을 지폈다. 행사장에서 미트볼을 팔던 15살 소년 나그린은

최초의 햄버거를 누가 만들었는지는 아직까
지도 미국에서 큰 논쟁거리다.

장사가 안 되자 미트볼을 으깬 뒤 빵 사이에 넣어 팔았는데 바로
이것이 햄버거의 원조라는 것이다.

이에 맞서 텍사스 주는 1880년 플레처 데이비스Fletcher Davis
가 만든 햄버거가 최초의 햄버거라고 주장했다. 플레처 데이비
스는 세인트루이스 박람회에서 햄버거를 팔았던 바로 그 인물로
추정되는 사람이다. 텍사스 주는 한술 더 떠 프렌치프라이도 플
레처가 만든 음식이라는 결의문을 채택했다.

코네티컷 주는 루이스 라센Louis Lassen이 1900년에 만든 햄버거
가 진짜 원조라고 주장하는 중이다. 루이스 라센은 자신의 이름
을 건 루이스 런치Louis' Lunch라는 식당을 운영하고 있었다. 어느
날 한 손님이 다급하게 뛰어 들어와 빨리 음식을 만들어 달라고
요청했고 그렇게 탄생한 것이 바로 햄버거였다는 이야기이다.

05

라면 : 교도소의 사회학

라면이 거기서 왜 나와?

미국의 교도소는 우리가 생각하는 교도소와는 조금 다르다. 우리는 범죄인의 교화를 나라가 맡아야 하는 공적인 영역이라고 생각하기 때문에 교도소의 운영도 당연히 국가가 해야 한다고 생각한다. 하지만 미국에선 교정 서비스 위탁업자, 즉 민간사업자가 국가를 대신해 교도소를 운영하는 곳이 대다수를 차지하고 있다. 무엇이든지 시장의 논리에 맡기는 미국다운 모습이라는 생각이 드는데, 이로 인한 부작용은 꽤 심각하다.

민간교도소의 입장에서 죄수는 곧 돈이다. 수감되어 있는 죄수가 많으면 많을수록 국가로부터 보조금을 더 많이 탈 수 있기 때문이다. 2010년 애리조나 주는 인권침해의 소지가 있음에도 불구하고 불법이민자 단속권한을 대폭 강화하는 일명 '서류미비자 법(SB1070법)'을 통과시켰다. 그런데 당시 법안을 공동 발의한 36명의 의원들 가운데 무려 30명이나 교도소업자들로부터 정치자금을 후원받은 것으로 나타났다. 즉 수감자들을 더 많이 늘리기 위한 정치로비가 발동한 셈이다.

2012년 한 조사에 따르면 미국은 인구 10만 명당 707명이 교도소에 갇혀있는 것으로 밝혀졌다. 2위 러시아의 474명을 가뿐히 따돌리는 숫자이다. 미국이 너무 쉽게 교도소에 가는 사회라는 것이 통계에서도 드러난 셈인데 이 때문에 미국의 교도소는 늘 초만원 상태이다. 민간교도소들은 한 푼이라도 비용을 줄이기 위해서 갖은 노력을 다 기울인다. 그 중 가장 줄이기 쉬운 항목이 바로 수감자들의 식비이다.

이것은 비단 민간업자들한테만 해당되는 이야기가 아니라 정부가 직접 운영하는 교도소도 마찬가지이다. 2010년부터 교도소 지원예산이 삭감되자 비용절감을 위해 식당만 따로 사설업체에 맡기는 사태도 벌어졌다. 사설업체가 식당을 맡으면서부터 한 끼당 2달러였던 식비는 1.25달러까지 내려갔고 당연히 식사의 질도 함께 저하됐다.

하루에 세 번 나오던 뜨거운 음식은 두 번으로 줄었고 식사의 양 또한 충분치 않았다. 그마저도 주말엔 두 끼 밖에 나오지 않는 교도소도 있을 만큼 환경이 열악해 졌고 죄수들은 늘 굶주림에 직면할 수밖에 없었다.

때문에 교도소에서 음식은 이전보다 더 가치 있는 물건으로 대접받게 되었다. 다른 무엇보다도 '이것'이 큰 인기를 끌면서 기존 교도소 내의 질서를 완전히 바꾸어 놓았을 뿐 아니라 수감자들의 생활 패턴에도 중요한 변화가 생겼다. '이것'이란 바로 한국인이라면 누구나 좋아하는 라면이다.

수도꼭지 버튼을 한 시간 동안 누르는
수고로움과 맞바꿀만한 맛

음식을 따뜻하게 먹는 것조차 쉽지 않았던 죄수들은 뜨거운 국물이 있는 음식을 선호하기 시작했다. 열량이 높고 일정수준의 맛까지 보장되어 있으며 가격마저 싼 라면이 인기를 끄는 건 당연한 결과였다.

수감자라면 으레 기본배식과 함께 라면을 곁들였다. 라면의 인기가 올라가자 기존 교도소에서 화폐 역할을 담당하던 담배와 우표의 지위가 흔들리기 시작했다. 담배와 우표는 누구나 쓰는 것이 아니었지만, 라면은 누구나 먹는 것이었기 때문에 늘 수요가 있었다. 담배처럼 소지가 불법인 물건도 아니었기 때문에 자신의 사물함에 떳떳하게 쌓아놓을 수도 있었다. 게다가 라면은 유통기한도 길고 크기마저 규격화되어 있어서 화폐 역할을 수행하기에 안성맞춤인 존재가 된 것이다.

〈라면정치Ramen Politics〉라는 논문을 발표한 덴버대학교의 마이클 라이트Michael Gibson Light는 60여명의 죄수들과의 인터뷰를 통해 매우 흥미로운 사실을 알아냈다. 라면이 교도소 내 암시장에서 정가의 몇 배나 높은 가격으로 거래된다는 것이었다. 교도소 매점에서 파는 라면의 공식 가격은 59센트지만 이것이 암시장으로 넘어오면 그 가치가 몇 배나 뛰어오른다고 밝혔다.

현금이 많은 누군가가 라면을 전부 사재기해서 매점에 라면이 동이 나면, 59센트짜리 라면 1개는 2달러짜리 담배와 맞교환이 될 만큼 가격이 오른다. 먹을 것이 아닌 것과의 교환 환율은 더더욱 올라가는데 11달러짜리 맨투맨 셔츠는 라면 2개와 교환된다. 돈도 없고 교환할 물건도 없다면 노동력을 제공해야 한다. 죄수들은 라면 1개를 얻기 위해서 1주일간 빨래를 대신해주거나 침대 청소를 해주기도 한다.

마이클 라이트보다 교도소 사정을 훨씬 잘 알고 있는 사람이

이 현상에 대한 책을 내기도 했다. 《교도소 라면Prison Ramen》의 저자 구스타프 알바레즈Gustavo Alvarez는 1990년대와 2000년대 두 번의 수감생활을 거치면서 그간 교도소가 어떻게 변했는지를 몸소 체험한 사람이다. 그는 히스패닉과 흑인들과의 세력싸움이 벌어져 폭발 직전까지 갔을 때 다함께 라면을 끓여먹으면서 화해하는 장면을 본 뒤 감동을 받아 이 책을 쓰기로 결심했다고.

그의 저서에는 교도소에서 라면으로 해먹을 수 있는 여러 가지 레시피가 적혀 있는데 '교도소 라면'을 만들 때 특히 어려운 것은 뜨거운 물을 구하지 못할 때라고 한다. 그럴 때 죄수들이 쓰는 방법이 있다. 수도꼭지에 달려있는 버튼을 한 시간 정도 누르기를 반복하는 것이다.

그러면 매우 미적지근한 물이 수도꼭지 안에 모이게 되는데 라면 봉지를 뜯어 물을 넣고 면이 충분히 불 때까지 기다리면 놀라울 만큼 먹을 만한 음식이 탄생한다고 한다. 마치 남자들이 군대에서 해먹던 뽀글이를 연상시키는데 역시 궁하면 통하는 모양이다.

이쯤에서 여러분의 가려운 곳을 한 번 긁어주고 넘어갈 필요가 있을 것 같다. 혹시나 미국 교도소에서도 한류 붐을 타고 한국라면이 아닐까 하는 기대감을 가지는 독자가 있을 것 같아서 말이다.

하지만 안타깝게도 미국 교도소에서 유통되는 대부분의 라면은 일본 제품들이다. 미국에서 라면 점유율 1위와 2위를 하고 있는 것이 바로 일본 브랜드의 라면이기 때문이다. 그 뒤를 국산 브랜드가 쫓고는 있지만 아직까지는 역부족인 모양새이다. 여러분에게 국뽕을 제공할 의무를 다하지 못해서 미안하다.

다섯 마리 토끼를 한 번에 잡은 안도 모모후쿠

라면은 중국의 납면拉麵에서 어원을 찾을 수 있다. 납면이란 손으로 늘여서 면을 뽑아내는, 흔히 말하는 수타면을 뜻하는 말이다. 19세기 말부터 일본 요코하마 등지의 항구 도시에 중국사람들이 차이나타운을 이루고 살게되면서 납면도 일본으로 함께 건너오게 되었다.

그때부터 일본 사람들은 중국식 국수를 통틀어서 납면의 일본식 발음인 라멘이라고 부르기 시작했다. 중국 음식 라멘은 당연히 중화요리집에서 팔았고, 이 전통은 아직도 남아 있어서 일본 내 중국집에서는 여전히 라면(혹은 중화소바)을 파는 것을 쉽게 확인할 수 있다.

일본이 태평양전쟁에서 패하고 미 군정의 지배를 받게되자 구호물자인 밀가루가 쏟아져 들어오기 시작했다. 대만계 일본인 안도 모모후쿠安藤百福는 남아도는 밀가루를 이용해 사업을 구상하다가 당시 인기있던 라면을 떠올렸다. 식당을 가야만 먹을 수 있는 라면을 공장

안도 모모후쿠는 밀가루를 이용해 라면을 공장에서 만들어 냈다.

에서 만들어 내면 큰돈을 벌 수 있을 것이라 생각한 것이다.

그는 개발 당시 맛이 있을 것, 보존성이 좋을 것, 간단하게 조리가 가능할 것, 가격이 쌀 것, 위생적으로 안전할 것 등 다섯 가지 개발 원칙을 정해놓았다고 하는데 두 마리도 아니고 다섯 마리 토끼를 한꺼번에 잡는 것이 어디 쉬웠겠는가.

당연히 안도는 실패의 실패를 거듭할 수 밖에 없었고 나날이 개발비만 축내는 신세로 전락하고 말았다. 그렇게 절망감 속에서 하루하루를 살던 어느날, 우연히 들른 술집에서 그는 기발한 아이디어를 떠올렸다. 식당주인이 튀김을 튀기는 것을 보고는 면을 튀겨보자는 생각을 한 것이었다. 안도는 그 길로 집안 뒷마당 작업실로 돌아와 면을 튀기는 실험을 시작했다.

미국 소비자들이 면을 부셔서 머그컵에 넣고 물을
부어 먹는 것을 보고 컵라면을 탄생시켰다.

면을 기름에 튀기면 수분이 날아가 보존성이 좋아지는 것은
물론이고 뜨거운 물만 부으면 다시 원래의 상태로 되돌아오기
때문에 조리까지 간편했다. 그리하여 1958년 세계최초의 인스
턴트 라면인 '치킨라면'이 탄생하게 되었다.

이후 안도는 미국을 방문했다가 또 한 번 천재적인 발명을 해
낸다. 미국 소비자들이 면을 부셔서 머그컵에 넣고 물을 부어 먹
는 것을 보고는 컵라면의 아이디어를 착안한 것이다. 1971년에
탄생한 최초의 컵라면인 '컵누들'은 이렇게 탄생한 발명품이다.
안도는 자기가 개발한 모든 라면에 대한 특허를 신청하지 않은
것으로 유명하다. 라면은 가난한 사람들이 배불리 먹기 위한 음
식이어야 한다는 그의 철학 때문이라고 한다.

'라면 먹고 갈래?'는
언제부터 용법과 어긋나기 시작했나?

우리나라에서는 1963년 9월 15일 삼양식품이 생산한 삼양라면이 최초의 인스턴트 라면으로 기록되어 있다. 삼양라면은 일본의 묘조식품으로부터 기술을 무상으로 이전 받아 탄생한 제품이었는데 최초의 가격은 10원이었다. 당시 고급음식으로 여겨지던 짜장면 한 그릇이 15원이었으니, 애초의 취지와는 맞지 않게 서민들이 쉽사리 사 먹을 수 있는 음식은 아니었다.

맛 또한 한국인의 입에는 맞지 않게 조금 느끼했다. 현지화를 거치지 않고 일본의 맛 그대로를 들여왔기 때문이다. 게다가 면이 구불구불한 것도 한국인들의 반감을 샀다. 모름지기 면이란 곧고 길게 뻗어 있어야 하는 것이거늘 딱딱하고 구불구불하게 생긴 면을 처음 본 한국 사람들은 이것을 합성섬유나 플라스틱으로 착각하기도 했다.

하지만 스프에 고춧가루를 첨가해 한국인들의 입맛에 맞추고 때마침 실시된 국가의 혼분식 장려정책 덕분에 서서히 인기를 모으기 시작했다. 워낙 알아주는 대식가인 한국인들인지라 조그마한 라면 하나로는 양이 찰 리가 없었고, 얼큰한 국물에 밥을 말아먹는 사람들이 늘어나면서 오히려 쌀 소비량이 늘었다는 우스캣소리도 나오곤 했다.

라면은 1960~70년대 한국사회에 도입기를 거치면서 80년대 들어서는 우리의 생활 속 깊숙이 자리 잡게 되었는데, 이와 발맞추어서 대중문화 속에서도 라면이 본격적으로 등장하기 시작했다.

만화 〈아기공룡 둘리〉에서는 주인공 둘리와 옆집의 가수 지망생 마이콜이 〈라면과 구공탄〉이라는 노래를 열창했다. 라면은 구공탄에 끓여야 제 맛이라며 평양냉면보다 훨씬 먼저 '면스플레인'을 시전한 것이다. 영화 〈봄날은 간다〉에서 라면은 이성을 자기 집으로 꾀는 매개체로 작용했다. 이후로 '우리집에서 라면 먹고 갈래?'라는 말은 진짜 뜻에서 많이 벗어나는 용도로 쓰이기 시작했다.

시대에 따라 유행이 바뀌는 것도 주목할 만한 점이다. 한 때 대한민국을 휩쓸었던 흰 국물라면의 시대는 일찍이 저물었고 그 뒤를 짬뽕라면이 이어 받는가 하더니 요즘은 극강의 매운맛을 자랑하는 불닭볶음면의 시대가 되었다. 불닭볶음면은 특유의 불지옥맛 때문에 한국뿐 아니라 외국에서도 화제가 되었다. 성공한 유튜버가 되려면 불닭볶음면을 먹고 매운맛을 참는 불닭볶음면 챌린지 영상을 무조건 찍어야 된다는 이야기가 있을 정도로 전 세계적인 트렌드로 올라섰다.

현재 전 세계에서 라면이 가장 많이 팔리는 곳은 중국이지만 1인당 라면 소비가 가장 많은 곳은 한국일 정도로 한국인의 라면 사랑은 대단하다. 세계라면협회에 따르면 2018년 한국의 1인당 라면 소비량은 74.6개로 2위인 베트남의 53.9개를 훨씬 뛰어넘는 숫자인데, 1인당 74.6개는 한 살짜리 아기부터 100세 노인까지 전 국민이 5일에 1개 꼴로 라면을 먹어야 달성 가능한 어마어마한 숫자이다.

06

빨대는 맥주를
먹기 위해 탄생했다

튜닝의 끝은 순정

닌자거북이는 뉴욕 하수도에서 사는 4명(혹은 마리)의 거북이들이다. 어쩌다가 하수구에 빠지게 된 이 거북이들은 방사능에 오염되어 돌연변이가 되는데, 덕분에 사람 같은 신체와 특수한 능력을 얻게 되고 피자라면 사족을 못 쓰는 초딩입맛 또한 가지게 되었다. 만화 속 거북이들은 환경오염 덕분에 얻게 된 초능력을 발휘해 악당들을 물리치고 맛있는 피자도 먹을 수 있게 되었지만, 현실의 거북이들은 환경오염 때문에 존폐의 기로에 서 있다.

현재 모든 종이 멸종위기에 처해있는 바다거북은 환경오염에

희생당하고 있는 대표적인 동물인데, 특히 플라스틱 제품은 바다거북의 생존을 위협하는 가장 큰 적이다. 해파리를 먹고 사는 바다거북은 살랑살랑 떠다니는 비닐들을 해파리로 착각해 삼켜버린다. 이렇게 바다거북 위속으로 들어간 비닐은 복막염과 장 파열을 유발하는데 해안가로 밀려온 바다거북 사체들의 위는 이런 비닐들로 가득하다.

플라스틱 빨대가 코에 박혀 신음하는 바다거북을 구조하는 동영상은 유튜브를 통해 커다란 파장을 일으키면서 순식간에 퍼져 나갔다. 이 영상은 '플라스틱 사용을 줄입시다'같은 무의미한 공익캠페인보다 훨씬 더 많은 경각심을 사람들에게 안겼다.

이를 계기로 커피체인 스타벅스는 매장에서 플라스틱 빨대의 사용을 전면 금지하고 대신 종이빨대를 지급하는 중이다. 빨대가 눅눅해지고 음료 맛이 이상하다는 고객들의 불평에도 스타벅스의 종이빨대 정책은 바뀌지 않을 듯 보인다. 거대 다국적기업의 움직임에 발맞추어 시중에도 플라스틱 빨대를 대체할 여러 가지 제품들이 출시되고 있는데 그 중 가장 눈길이 가는 건 지푸라기 빨대이다.

빨대를 뜻하는 영어인 스트로Straw (지푸라기)에서 알 수 있듯이 인간은 오랜 시간동안 가운데가 텅 비어있는 지푸라기를 빨대로 애용했었다. 그러다가 종이빨대를 거쳐 현재의 플라스틱 빨대로 변신해 온 것인데, 이제 다시 초창기의 지푸라기로 되돌아가고 있는 일련의 역변逆變 과정을 보고 있자니 '튜닝의 끝은 순정'이라는 명언이 떠오르기도 한다.

맥주를 잘 먹기 위해 탄생한 빨대

현재까지는 수메르문명이 세계최초의 문명이라는 타이틀을 훌륭히 방어해내고 있는 중이다. 그 타이틀에 걸맞게 수메르인들이 최초로 사용했거나 발명했을 것으로 추측되는 것들이 꽤나 있다. 가장 처음으로 문자를 사용한 것도 수메르인들로서 글자의 모양이

수메르인들이 사용한 것으로 추측되는 점토판 중에 맥주 영수증도 있다.

쐐기를 닮았다고 해서 쐐기문자라고 불린다. 쐐기문자는 주로 말랑한 점토판에다가 갈대를 펜 삼아 적었는데 이것을 그늘에서 말리거나 구우면 꽤나 오랫동안 보관이 가능했다.

때문에 점토판이 발굴되면 당시 수메르인들의 생활상을 꽤나

자세하게 알 수 있는데, 그 중 가장 흥미를 끄는 것이 맥주 영수
증이다.

알루루Alulu라는 양조업자가 맥주를 납품하고 받은 이 점토판
에는 '최상품 맥주 5실라(약 4.5리터)를 받은 것을 확인함'이라는
내용이 적혀있다. 이때가 기원전 2050년의 일이었으니 이전부
터 맥주가 수메르인들에게 사랑을 받았던 것을 알 수 있다.

수메르문명이 탄생했던 메소포타미아 남부의 티그리스 유프
라테스강 하류는 땅이 매우 비옥했다. 하지만 잦은 범람으로 사
람이 살기 적합하지 않았다. 수메르인들은 치수사업을 통해 강
의 범람을 막고 농경을 시작했는데 보리와 밀이 주 품목이었다.

농경생활 이전에는 경험해 보지 못했던 폭발적인 수확량에
수메르인들은 즐거운 비명을 질렀다. 생전 처음으로 잉여 곡물
이 생기는 기이한 경험도 해 보았을 것이다. 풍부한 밀과 보리를
이용해 맥주를 만들어 먹었으리라는 건 쉽게 추측이 가능하다.
반대로 맥주를 만들기 위해서 농경을 시작했을 것이라는 추측을
하는 사람(나)도 있다.

수메르인들이 맥주를 만든 방법은 매우 간단하다. 커다란 항
아리에 빵을 짓이겨 물과 함께 넣어서 자연적으로 발효가 되기
를 마냥 기다리는 것이다. 이렇게 발생한 효모가 빵 속 당분을
먹고 알코올을 토해내면서 맥주가 되었다. 맥주는 물컹해진 빵

찌꺼기와 함께 뒤섞여 매우 탁한 상태로 항아리에 담겨있게 되었다. 이것을 걸러 먹는 방법엔 여러 가지가 있겠으나 수메르인들의 선택은 빨대였다.

술을 빨대로 빨아 먹다니 역사가들의 지나친 억측이 아니냐 하겠지만 이것은 어디까지나 사료에 기초한 역사적 사실이다. 맥주 항아리를 가운데 두고 여러 명이 둘러앉아 길다란 갈대대롱으로 맥주를 빨아먹는 모습이 점토판에 생생히 남아있기 때문이다.

술은 역시 빨대로 먹어야 제 맛

빨대는 미국의 마빈 스톤Marvin C. Stone이 1888년 종이빨대를 발명하기 전까지 몇 천 년의 시간동안 재료와 목적에서 완벽하게 변함이 없었다. 갈대냐 밀이냐 호밀이냐의 차이만 있을 뿐 속이 빈 지푸라기로 술을 빨아 먹는 건 똑같았기 때문이다.

당시 미국의 술집에선 온도가 변하는 것을 막기 위해서 지푸라기를 이용해 위스키를 빨아 먹는 게 유행이었다. 평양냉면에 식초를 넣어 먹으면 냉면 맛을 모르는 초짜취급을 받는 것처럼, 당시 분위기도 위스키를 빨대로 먹지 않으면 소위 '위알못' 취급을 받던 시절이었다.

1842년에 출판된 찰스 디킨스Charles Dickens의 소설《마틴 처즐위트Martin Chuzzlewit》에서도 쉐리코블러라는 칵테일을 지푸라기로 빨아먹는 장면이 묘사가 되어 있는데, 당시 미국인들의 음주문화가 어떠했는지 잘 엿볼 수 있는 장면이다.

하지만 온도 변화를 막아서 위스키를 더 맛있게 먹고자 했던 이 방법은 역설적으로 술의 맛을 떨어트리는 결과를 낳고 말았다. 지푸라기를 통과한 위스키에 온갖 잡내가 배어버렸기 때문이다.

담배공장 노동자였던 마빈 스톤은 지푸라기 특유의 냄새가 너무나 싫었지만 그렇다고 위스키 잔을 손으로 잡고 마시고 싶지는 않았다. 그랬다간 주위 사람들로부터 온갖 잔소리를 들을 게 뻔했기 때문이다. 골똘히 해결책을 찾던 그의 머릿속에서 담배를 마는 종이가 번뜩 떠올랐다. 지푸라기 대신 담배종이를 사용해 위스키

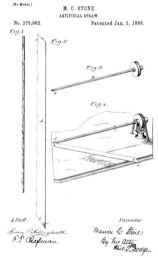

마빈 스톤은 지푸라기 대신 담배종이를 사용해 위스키를 마시면 훨씬 좋을 것이라고 생각했다.

소다 파운트 바의 테이블 위에는 음료회사 광고판으로 사용하던 빨대통이 있었다.

마시면 온도는 변화시키지 않으면서도 싫어하는 지푸라기의 냄새도 맡지 않을 수 있을 것이라 생각한 것이다.

다음날 그가 일터에서 가지고 온 담배종이는 그야말로 대박이 났다. 소문은 삽시간에 퍼져 그의 종이빨대를 찾는 사람들이 점점 많아졌고 급기야 마빈 스톤은 빨대공장까지 세우기에 이르렀다. 미국인들이 좀 더 똑똑해서 모가지가 길다란 와인 잔으로 위스키나 칵테일을 먹는 발상을 했다면 종이빨대가 발명되는 일은 없었을지도 모르겠다.

하지만 종이빨대가 미국에서 대중적으로 확산될 수 있었던 건 위스키가 아니라 탄산음료의 힘이 컸다. 당시 미국에서는 냉

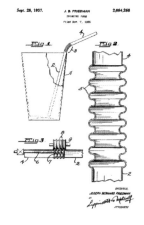

프리드먼은 스프링에서 아이디어를 떠
올려 현재 사용하는 주름빨대의 기초를
마련했다.

장기술이 발달되면서 시원하고 달콤한 탄산음료를 파는 소다 파
운튼 바Soda Fountain Bar가 대유행이었다. 사교모임의 장소로 대
각광을 받았던 소다 파운튼 바의 테이블 위에는 항상 음료회사
들이 광고판으로 사용하던 빨대통이 있었다. 코카콜라나 닥터페
퍼같은 회사들은 자신들의 로고를 빨대통에 새겨 넣은 뒤 바에
비치했다. 때문에 사람들은 자연스럽게 빨대를 사용하기 시작했
고 하나의 문화로 자리잡게 되었다.

　빨대에게 또 한 번의 혁신이 찾아 온 것은 1937년의 일이었다.
발명가였던 조셉 프리드먼Joseph Friedman은 자신의 어린 딸 주디
트Judith가 빨대 사용에 곤란을 겪는다는 것을 눈치챘다. 주디트

에겐 식탁이 너무 높은 데다가 빨대도 길어서 빨대 끝을 입으로 가져가기가 매우 곤란했던 것이다. 프리드먼은 주디가 먹기 편하도록 빨대를 조금 구부려 주었는데 구부러진 빨대는 통로가 막혀 음료가 제대로 나오지가 않았다.

프리드먼은 스프링에서 아이디어를 떠올려 빨대 안에 나사못을 넣고 홈이 파진 모양대로 실을 감아 나선 모양이 생기도록 고안했다. 그러자 빨대를 구부리더라도 공간이 협소해지지 않고 내용물을 평소와 다름없이 마실 수 있게 되었다. 현재 어디서든 흔히 볼 수 있는 주름빨대를 발명해 낸 것이었다.

프리드먼은 곧장 이것을 '드링킹 튜브Drinking Tube'라는 이름으로 특허를 출원하고 투자자를 찾기 시작했다. 하지만 드링킹 튜브의 잠재력을 알아보는 기업이 한 군데도 나타나지 않자 프리드먼 스스로가 '플렉시블 스트로Flexible Straw'라는 회사를 차려서 주름빨대를 팔기 시작했다. 그렇게 해서 종이빨대를 발명한 마빈 스톤 이후로 빨대 덕분에 인생 역전에 성공한 또 한 명의 주인공이 탄생하게 되었다.

플라스틱의 시대

종이빨대와 주름빨대가 어느 한 사람의 번뜩이는 아이디어에서 탄생한 것이었다면 플라스틱 빨대는 좀 다르다. 제2차 세계대전은 플라스틱이라는 신소재의 품질을 드라마틱하게 끌어올리는 역할을 했다. 전쟁이 끝나고 군수물자를 만들던 플라스틱 공장들은 일반 소비재를 생산하기 시작했다. 소비자들은 여전히 전통적인 재료인 나무나 흙, 종이, 금속 등으로 만든 물건들을 선호했지만 값싼 플라스틱을 마다할 이유 또한 없었다.

때마침 불어 닥친 패스트푸드 열풍은 플라스틱 빨대의 시대를 본격적으로 열어젖힌 촉매제 역할을 했다. 테이크아웃이 성행하면서 음료가 넘치는 것을 막기 위해 종이컵에다가 플라스틱 뚜껑을 씌웠는데, 여기에 빨대를 꽂을 수 있도록 십자모양으로 홈을 내었다. 그러자 가뜩이나 쉽게 눅눅해지는 종이빨대가 십자모양 홈에 걸려 찢어지기 일쑤였고 사람들의 불만이 여기저기서 터져 나왔다. 바로 이러한 시대적 요구가 자연스레 종이빨대를 플라스틱 빨대로 바꾸어놓는 계기가 되었던 것이다.

성형과 착색이 쉬운 플라스틱의 장점은 빨대를 만나 날개를 달았다. 사람들은 온갖 색상과 화려한 모양의 빨대들을 콜라와 밀크셰이크에 꽂아서 거리를 활보했다. 이것은 다시 플라스틱 빨대의 홍보효과로 이어져 아무도 더 이상 종이빨대를 원하지 않게 되었다.

5년 전에 이 책을 썼으면 딱 여기까지로 마무리 되는 이야기였겠지만 지금은 사정이 많이 다르다. 앞서 말한 스타벅스뿐 아니라 맥도날드 또한 영국에서 종이빨대를 지급하기 시작했다. 고객들은 자신들에게서 플라스틱 빨대를 빼앗아가지 말라며 볼멘소리를 쏟아내는 중이다. 기업 입장에서는 플라스틱보다 훨씬 비싼 종이빨대를 쓰면서 고객들에게 욕까지 먹어야 되는 이 상황이 그리 달갑지만은 않을 것이다. 하지만 지금 당장 무엇인가를 바꾸지 않으면 플라스틱 때문에 죽어가는 동물이 바다거북 대신 인간이 될 날이 머지않았다고 본다.

바다로 흘러가 분해된 미세플라스틱들이 다시 인간에게 돌아오는 플라스틱의 역습은 현재진행형이다. 생선이나 소금같이 바다에서 나는 것들은 당연하고 수돗물과 맥주 심지어는 생수에서도 미세플라스틱이 발견된다. 더 큰 문제는 이 미세플라스틱이 얼마나 해로운지 아직 그 누구도 모른다는 것에 있다. 플라스틱 빨대 없이도 인류는 충분히 질 높은 삶을 영위할 수 있다.

유행의
순간

07

역사의 아이러니 한가운데서 좀비가 탄생하다

동강서좀

1980~90년대 한국의 극장가는 홍콩영화 전성시대였다. 주윤발과 오우삼을 필두로 한 느와르, 성룡의 코믹액션, 이연걸이 보여주는 정통 소림무술, 주성치의 슬랩스틱 코미디, 양가위의 멜로 등 장르를 불문하고 온갖 반짝이는 작품들이 쏟아져 들어왔고 방송과 CF에선 중화권 스타들을 모시느라 바빴다.

학교 앞 문방구에서 팔던 소위 책받침 스타들도 대거 물갈이가 되었다. 소피 마르소나 브룩 쉴즈 같은 서양권 스타들 대신 중화권 스타들이 싸구려 코팅지 안에 갇혀서 불티나게 팔려나갔었다.

꼬마들 사이에서 홍콩영화의 인기를 견인하던 건 강시 영화였다. 강시란 전쟁터 등에서 객사한 시체를 움직이게 만든 것을 말한다. 영환도사는 시체들의 장례를 고향에서 치뤄주기 위해서 부적을 사용해 시체를 조종한다. 바로 이 강시들의 귀향길에서 벌어지는 해프닝을 다룬 것이 강시물이다.

팔다리가 뻣뻣해져 굽히지 못하고 통통통 뛰면서 영환도사 뒤를 뒤따르는 모습이 어딘가 기괴하면서도 코믹한 요소가 담겨 있었기 때문에 액션, 호러, 코미디를 영화 한 편에 전부 녹여낼 수 있었고 이것이 흥행의 밑거름이 되었다. 대부분의 홍콩영화와는 다르게 연소자 관람가 판정을 받을 수 있었던 유일한 장르였던 것도 아이들 사이에서 인기가 있었던 이유였다.

사실 모든 강시 영화가 연소자 관람가였는지는 확실치 않다. 분명 사람을 잡아먹고 피를 빠는 잔인한 장면이 있었음에도 불구하고 비디오가게 아저씨들은 꼬마들에게 별다른 호구조사 없이 강시 영화를 빌려주었다. 아마도 강시 영화를 공포보다는 코미디 장르에 속한다고 생각했나 보다. 그렇다고 해서 다른 성인물은 못 빌렸느냐 하면 꼭 그런 것만은 아니었지만 유독 강시 영화에는 인심이 후했다고나 할까?

이러한 중국의 강시와 매우 비슷한 존재가 바로 좀비이다. 강시와 좀비는 시체가 부자연스러운 움직임으로 사람을 잡아먹고 감염시킨다는 대전제가 매우 닮아있다. 물론 좀비에게는 강시처럼 '통통' 튀는 발랄함이 좀 부족하긴 하지만 말이다.

강시가 한 시대를 풍미하고 화려하게 져버린 벚꽃이었다면, 좀비는 때만 되면 다시 피는 벚꽃처럼 매번 다양한 변주를 통해 우리를 즐겁게 해준다. 20세기의 좀비 영화가 만들어 놓았던 좀비의 원칙들은 21세기에 와서 철저히 거부되고 있다. 그리고 매 영화 매 드라마마다 새로운 유형의 좀비가 등장해서 사람들에게 재미를 선사하고 있는 중이다. 좀비란 대체 무엇일까?

설탕과 부두교

조지 오웰의 《위건 부두로 가는 길》을 읽어보면 당시 영국 탄광노동자들의 삶을 엿보는 재미가 쏠쏠하다. 비록 책 내용의 대다수는 잊어버렸음에도 불구하고 영국 최하층 노동자들이 홍차에 설탕을 넣어 먹었다는 사실만은 너무나 또렷하다. 고된 육체노동 뒤 집으로 돌아와 홍차에 설탕을 듬뿍 넣어서 마시던 모습. 다른 어떤 음식보다 설탕 값에 생활비를 더 많이 지출하던 노동자들의 모습이 잊히지가 않는다.

1930년대 영국의 노동자들이 매일같이 귀한 수입품인 설탕을 먹을 수 있었던 초석을 마련한 것은 노예무역을 통한 플랜테이션 농업이었다. 노예선들은 아프리카에서 노예들을 사다가 신대륙 곳곳에 노예들을 내려놓았다. 서인도제도의 여러 섬들, 즉 쿠바, 자메이카, 도미니카, 아이티 등에서는 원주민들이 질병이나 학살 등으로 거의 자취를 감추게 되면서 흑인 노예들이 주민의 절대 다수를 차지하게 되었다.

그 중에서도 아이티는 콩고에서 끌려온 노예들이 집중 거주하는 곳이었다. 당시 콩고는 부족 간의 싸움과 국왕에 반기를 든 내전이 잦았기 때문에 전쟁포로들이 많이 생겼다. 이들 대부분은 노예상에 팔려 이곳 아이티의 사탕수수 농장으로 끌려오게 되었고, 콩고의 아이덴티티가 강하게 아이티를 지배하게 되었다.

아이티는 여타 식민지 국가들과는 사뭇 다른 역사를 가지고 있다. 원래는 스페인의 식민지였던 이곳을 프랑스가 차지할 때 즈음해서 프랑스에선 대혁명이 발생했다. 이 혁명의 바람은 피 냄새를 싣고 아이티까지 도착하게 되었다. 아이티에서도 투생 루베르튀르, 장자크 드살린 등의 지도자들을 중심으로 노예혁명이 발생했다. 이들은 백인지주들을 처단하고 본국인 프랑스를 비롯한 스페인, 영국과의 전쟁에서도 승리하면서 1804년 1월 1일에 흑인공화국을 선포하기에 이르렀다. 아메리카 대륙에서는

콩고의 내전으로 생겨난 전쟁포로들은 대부분 아이티의 사탕수수 농장의 노예로 끌려왔다.

미국에 이어 두번째로 태어난 신생 독립국이었다.

여타 식민지 노예들과는 다르게 아이티의 노예들이 단결해 독립까지 쟁취할 수 있었던 밑바탕에는 부두교가 있었다. 부두교는 그들의 고향인 콩고와 베냉 등에서 믿던 종교였는데, 백인 지주들의 종교 탄압을 피하기 위해 기독교적 요소를 섞고 아메리카 원주민들의 토속신앙까지 더하면서 아이티만의 독특한 색깔을 가지게 되었다. 부두교는 노예들이 혹독한 노동 속에서도 견딜 수 있게 해준 도수 높은 알코올이자 영혼의 해방구였다. 혁명의 불씨가 되었던 최초의 봉기도 부두교 집회에서 발생했다.

아이티의 노예들이 단결해 독립까지 쟁취할 수 있었던 밑바탕에는 부두교가 있었다.

때문에 부두교는 아이티인들의 삶에 매우 독특한 형태로 자리 잡고 있다. 부두교의 사제인 보커Bokor는 단순한 종교 지도자를 넘어서 절대적인 존재로 군림한다. 현재 아이티의 표면적인 지도자는 선거를 통해 뽑는 대통령이지만 정부의 힘은 여러 번 방향을 바꿔 끼워 넣은 리모컨의 건전지만큼이나 미약하다. 이로 인해 아이티에는 온갖 미신들이 범람하는데 좀비는 아이티인들이 믿고 있는 수많은 토속신앙적 존재 중 하나이다.

좀비가 사람을 잡아먹게 된 이유는 사람 때문이다

좀비의 존재가 본격적으로 알려지게 된 계기는 미국의 식민지 시기를 거치면서이다. 제1차 세계대전 도중 아이티는 미국에게 점령당해 다시 한 번 식민지 신세로 전락하고 만다. 이때 많은 미국인들이 여행차 아이티를 찾으면서 부두교와 좀비의 이야기가 퍼지기 시작했다. 그 중에서도 여행가이자 기자였던 윌리엄 시브룩William Seabrook이 1929년에 아이티를 여행하고 쓴《마법의 섬The Magic Island》은 좀비의 존재를 본격적으로 바깥에 알린 첫 번째 작품이다.

그의 책 속에 등장하는 좀비는 현재 우리가 알고 있는 사람을 잡아먹는 좀비와는 180도 다른 존재로 묘사되어 있다. 죽은 사람이 살아난 괴물이 좀비인 것은 맞지만 지능이 낮고 멍청해서 사탕수수밭에서 노예처럼 부려지는 존재이다. 일을 못하면 매질을 당하기도하고 사람들끼리 거래도 되는, 그야말로 인간에게 복종하는 소나 말과 다름이 없다.

아이티인들은 누군가 죽은 이에게 원한을 품은 사람이 시체를 좀비로 만들어 훔쳐간다고 믿는다. 때문에 자신의 가족들이 좀비가 되는 것을 막기 위해서 집 앞 뜰이나 사람이 많이 다니는 도로변에 묏자리를 쓰고 무거운 돌로 관뚜껑을 제작한다.

하지만 주인공의 눈에 비친 좀비는 죽었다가 살아난 시체가 아니다. 어딘가 지적장애가 있거나 약에 취한것 같은 사람들이 잡혀와 노예생활을 하는 듯 보이기 때문이다. 《마법의 섬》에 나온 이러한 좀비의 특징들은 초기 좀비 영화에 그대로 투영되었다.

기념비적인 첫 번째 좀비 영화는 1932년에 만들어진 〈화이트 좀비White Zombie〉이다. 드라큘라로 스타 반열에 오른 벨라 루고시가 부두술사로 출연해 화제를 모았는데, 신혼여행 차 찾은 아이티에서 좀비가 된 신부는 부두술사에게 영혼을 빼앗기고 조종당하는 일종의 꼭두각시로 그려진다. 이후에 나온 〈나는 좀비와 함께 걸었다I Walked with a Zombie〉 역시 부두교에 의해 좀비가 되는 불쌍한 인간의 모습을 그리고 있다.

이런 초창기 좀비물의 특징을 완전히 뒤틀어서 지금과 같이 잔인하고 흉폭한 좀비의 시작을 알린 건 아이러니하게도 좀비 영화가 아니었다. 조지 로메로George Andrew Romero 감독의 68년작 〈살아있는 시체들의 밤Night of the Living Dead〉은 좀비 영화에 있어 전설적인 작품으로 칭송받지만 정작 좀비는 등장하지 않는다. 다만 기괴하게 걸으면서 사람을 잡아먹는 괴물이 등장할 뿐이다. 이 괴물들이 어디서 왔는지 왜 나타났는지 영화는 밝히지 않는다. 그저 습격해오는 괴물들을 피해 사람들이 도망갈 뿐이다.

사람의 내장을 꺼내 먹는 충격적인 장면들이 고스란히 담겨 있는, 언뜻 보면 잔인한 고어물일뿐인 이 저예산 흑백 영화는 미국에서 뜻하지 않은 히트를 치면서 사람들을 열광시켰다. 사람들은 영화 속에서 흑백갈등, 좌우대립, 베트남전, 냉전 등 당시 미국이 직면해 있던 사회 갈등적 메타포를 찾아내어서 의미를 부여하기 시작했고 좀비 마니아들이 생겨났다.

하지만 조지 로메로 감독은 그런 것을 전혀 의도하지 않았을 뿐 아니라, 애당초 자신이 창조해낸 괴물을 좀비라고 생각하지도 않았다. 어릴 때부터 드라큘라나 프랑켄슈타인 같은 영화들에 흥미를 보였던 조지 로메로 감독은 흡혈귀가 나오는 SF 호러 소설《나는 전설이다I am Legend》에 감명을 받아 〈살아있는 시체들의 밤〉을 만들었다고 밝혔다.

그러니 굳이 이 괴물의 족보를 따지자면 좀비가 아니라 뱀파이어에 가깝다고 할 수 있었다. 하지만 중요한 건 그게 아니었다. 왜인지는 알 수 없지만 식육을 즐기는 그 기괴한 괴물들을 사람들이 '좀비'라고 부르기 시작했다는게 중요했다.

뜻하지 않게 좀비의 아버지가 된 조지 로메로는 후속작 〈시체들의 새벽Dawn of the Dead〉과 〈시체들의 날Day of the Dead〉을 차례대로 발표하면서 본격적으로 좀비들을 등장시켰다. 〈살아있는 시체들의 밤〉을 포함해 일명 '시체 3부작'이라고 불리는 일련의 작품들을 통해서 좀비는 이전과는 다른 정체성을 가지게 되었다. 좀비란 인육파티를 즐기고 세상을 종말로 몰아넣는 괴물이지만, 이러한 장치를 통해서 인간사회가 가지고 있는 부조리와 갈등을 고발하는 '좀비물'이라는 독특한 장르가 탄생하게 된 것이다.

수미상관

지금까지 이야기한 좀비를 한 문장으로 요약해보자면 '노예무역이 낳은 일종의 문화현상'이라고 할 수 있겠다. 즉 대중 속 좀비가 탄생한 배경엔 백인과 아프리카 흑인 간의 슬픈 역사가 깔려있는 셈인데, 역사가 영화보다 재밌는 점은 영화보다 더 영화 같은 아이러니가 자주 발생하기 때문이다. 좀비 또한 그렇다.

1981년 미국의 음악전문채널 MTV가 그 유명한 "신사숙녀 여러분, 락앤롤Ladies and gentlemen, rock and roll"이라는 내레이션과 함께 개국하면서 틀었던 첫 번째 뮤직비디오는 '버글스The Buggles'의 〈비디오 킬 더 라디오 스타Video Killed the Radio Star 〉였다. MTV는 24시간 뮤직비디오를 트는 채널을 표방하며 듣는 음악에서 보는 음악으로 패러다임의 변화를 시도하는 방송국이었다.

그런데 초창기 MTV는 인종차별적이라는 비난의 목소리에서 자유롭지 못했다. 그도 그럴 것이 MTV에서 흑인 뮤지션의 얼굴을 찾아보기란 여간 힘든 게 아니었다. 락 음악을 지향하는 채널의 특성 때문에 흑인 음악은 맞지 않는다는 표면적인 이유를 내세웠지만 사람들은 누구나 MTV가 인종차별을 하고 있다는 걸 알고 있었다.

MTV의 보이지 않는 인종차별은 팝의 황제 마이클 잭슨도 좀처럼 깰 수 없었다. 마이클 잭슨은 성인이 된 후 발표한 첫 번째 앨범 〈오프 더 월Off the Wall〉을 성공시키면서 스타 반열에 올랐지만 여전히 그의 음악은 MTV에 걸리지 않았다. 하지만 그의 두 번째 앨범이자, 역사상 가장 많이 팔린 앨범이며, 문워크가 탄생한 앨범임과 동시에 흑인에게 좀처럼 문을 열지 않았던 그래미상을 8개나 싹쓸이했던 앨범인 〈스릴러Thriller〉를 1982년에 발표하면서 인종 간의 벽을 완전히 허물어 버린 역사적인 주인공이 되었다.

사실 이전까지 미국의 음악시장은 백인음악과 흑인 음악으로 완전히 갈라져 있었다. 락 음악은 백인만의 전유물이었으며 소울음악은 흑인들만이 소화할 수 있는 장르였다. 간혹 둘 다 넘나드는 전설적인 뮤지션들이 등장하기도 했지만 음악의 왕좌 자리는 언제나 백인이 차지했고 흑인은 그다음이었다.

그런데 마이클 잭슨의 음악은 락도 아니었고 소울도 아닌 제 3의 새로운 무언가였다. 때문에 백인들도 거부감 없이 흑인인 마이클 잭슨의 음악에 열광할 수 있었고 지리한 인종 간의 장르 대결에 드디어 마침표를 찍게 된 것이다.

바로 그 중심에 좀비가 있었다. 〈스릴러〉 뮤직비디오는 러닝 타임만 14분에 달하는 대작이었다. 이전까지의 뮤직비디오가 단 순히 노래하는 모습만을 보여주는 따분한 '보는 라디오'에 그쳤 다면, 〈스릴러〉 뮤직비디오는 액자 구성을 활용한 재밌는 스토 리와 영상미 그리고 특수효과로 폭발적인 인기를 끌면서 극장에 서 따로 개봉까지 하는 기현상을 낳았다.

뮤직비디오 속에선 수십 명의 좀비 떼들이 무덤에서 기어 나 와 여자 주인공을 공격한다. 이때 좀비들이 단체로 군무를 추는 장면이 특히 인기였다. 처음엔 좀비답게 어딘지 부자연스러운 탈골 삐그덕 댄스를 선보이는 것 같더니, 어느샌가 유연한 사람 의 춤을 추기 시작하고, 또 정신을 차려보면 사람을 할퀴듯이 양 손을 들어서 좌우로 왔다 갔다 하는, 이제는 〈스릴러〉의 시그니 처가 된 춤을 선보이면서 사람들을 열광시켰다.

MTV는 그간 락 음악이 아니면 틀지 않는다는 자신들의 룰을 깨고 1시간에 2번씩이나 〈스릴러〉 뮤직비디오를 틀었다. 사실

보는 음악을 표방하며 화려한 등장을 했지만 기대만큼 인기를 얻지 못하고 있던 MTV는 〈스릴러〉 덕분에 시청률이 치솟았고 8~90년대 화려했던 MTV 시대의 초석을 닦을 수 있었다.

인종차별적이었던 MTV가 흑인 음악 덕분에 인기를 끌 수 있었던 것도 아이러니였지만, 인종차별 문제의 시발점에 서 있었던 좀비가 인종차별 문제를 완전히 끝냈다는 건 역사에 길이 남을 아이러니였다. 미국 최초로 흑인 대통령인 오바마가 탄생할 수 있었던 건 마이클 잭슨과 좀비가 인종통합의 길을 잘 닦아 놓았기 때문에 가능했던 일이 아니었을까.

08

비키니와 스폰지밥
그리고 고지라

일본에서는 고지라가 탄생했다

일본은 핵과 관련해 매우 아픈 기억을 가지고 있는 나라이다. 최근 발생한 후쿠시마 원전사고는 두말할 것도 없고, 히로시마와 나가사키에 떨어진 두 방의 핵폭탄이 지리멸렬했던 태평양 전쟁에 마침표를 찍었다는 사실은 너무나 유명하다. 그리고 우리에게는 잘 알려지지 않은 또 한 번의 핵 관련 사고가 일본에게 있었다. 바로 제5후쿠류마루第五福龍丸 사건이 그것이다.

1954년 3월1일, 참치잡이 어선이었던 제5후쿠류마루는 태평양 한가운데 마셜제도 근처에서 조업을 하는 중이었다. 마셜제도에 속한 수많은 섬 중에서는 그 유명한 비키니 섬도 있었다. 속이 텅 비어 있는 도넛같이 생겨서 비키니 환초環礁라고도 불리는 비키니 섬은 미군이 애용하던 핵실험 장소였다. 소련과의 경쟁 때문에 더 크고 더 강력한 핵폭탄을 원했던 미국은 원자폭탄보다 훨씬 강력한 수소폭탄 개발에 열을 올리고 있었다.

이날은 최초로 개발한 수소폭탄인 '캐슬 브라보Castle Bravo'의 실험이 예정되어 있었다. 주변에서 조업을 하는 선박들에게는 여느 때와 마찬가지로 위험거리 밖으로 물러나라는 정보가 이미 전달된 상태였다. 하지만 그날은 평소와는 달랐다. 예상을 뛰어넘는 훨씬 큰 폭발이 발생해 주변을 뒤덮었다. 미국 자신도 수소폭탄의 위력이 이정도로 강할 줄 예상을 못했던 것이다.

위험거리 밖에 있었던 제5후쿠류마루는 뭔가 이상함을 감지했다. 하늘에서 방사능에 범벅된 하얀재가 내리기 시작한 것이다. 제5후쿠류마루는 재빨리 일본으로 조타기를 돌렸다. 하지만 3월 1일에 낙진을 뒤집어쓴 그들은 3월 14일이 되어서야 겨우 일본으로 귀항할 수 있었다. 선원들은 이미 구토는 물론이고 잇몸출혈과 탈모 등의 방사능 피폭증상을 보이고 있었다. 그리고 안타깝게도 그 중 한 명이 사망하는 사건이 발생하면서 일본에는 또다시 핵폭탄에 대한 공포가 번져나갔다.

불과 9년 전에 히로시마와 나가사키에서 끔찍한 비극을 겪었

비키니 섬의 핵실험 때문에 일본에서는 태평양에서 잡은 생선들을 모두 폐기처분하는 등의 극렬한 반핵운동과 반미데모가 발생했다.

던 일본에서는 극렬한 반핵운동과 반미데모가 발생했다. 태평양 바다에서 잡은 생선들은 모두 폐기처분 되었고 곳곳에서 시위가 벌어지게 되었다.

이 일련의 사건은 영화감독이었던 혼다 이시로本多猪四郎에게 커다란 영감을 주었다. 혼다 이시로는 바로 그해 수소폭탄 실험으로 탄생한 괴물에 관한 영화를 만들게 되었는데, 그것이 바로 괴수물 역사에 길이 남을 명작 〈고지라ゴジラ〉다.

정체모를 거대 해저생물이 거듭된 수소폭탄 실험으로 인해 서식처를 잃어버린다. 새로운 서식처를 찾기 위해 이동하던 중 일본에 상륙해 도쿄를 불바다로 만든다는 줄거리를 가지고 있는 고지라는 일본에서만 천만 가까운 관객을 모으면서 그야말로 고지라 광풍을 몰고왔다.

그 후 고지라는 일본은 물론이고 헐리웃에서도 끊임없이 속편이 나오면서 전 세계적인 사랑을 받았다. 그리고 어릴 때 즐겨보던 〈후레시맨〉이나 〈파워레인저〉같은 특수촬영물이라는 새로운 장르를 만들어 내며 영화사에 한 획을 그은 영화로 자리매김하였다.

그리고 프랑스에서는 비키니가 탄생했다

핵폭탄이라는 이름을 익히 들었지만 대체 어떤 폭탄인지 자세히 알 수 없었던 사람들에게 대지를 흔드는 진동과 번쩍이는 섬광, 그리고 거대한 버섯구름은 충격 그 자체였다. 1946년 7월 1일 미군이 공개한 비키니 섬 핵실험 때문에 사람들은 모였다하면 핵폭탄에 대한 이야기를 하기 바빴다.

그런데 이것을 기회로 생각한 사람도 있었다. 프랑스의 디자이너 루이 레아르Louis Réard는 파격적인 디자인의 새로운 수영복을 4일 뒤에 공개할 참이었다. 브라와 팬티 두 조각만으로 디자인된 이 수영복은 기존의 관습과 윤리의식을 송두리째 뒤흔들기에 충분했다. 레아르는 자신의 작품에 비키니라는 이름을 붙일 참이었다. 자신의 수영복이 불러올 파급효과를 이미 알고 있었던 것이다.

불과 몇십 년 전이었던 20세기 초까지만 하더라도 여성에게는 원피스 수영복을 입는 것조차 허락되지 않았다. 여성이 수영을 하기 위해선 평상복과 다름없는 긴 드레스를 입어야만 했고, 수영복 경찰이라 불리는 사람들은 줄자를 가지고 다니면서 여성들의 수영복 길이를 체크하고 다녔다.

이를 마뜩치 않게 생각하던 호주의 수영선수 아네트 캘러먼 Annette Kellerman은 몸매가 훤히 드러나는 쫄쫄이 수영복을 입고 해변을 거닐다가 체포되면서 유명세를 탔다. 이후 그녀는 영화배우로 변신해서 각종 전설적인 영화들에 출연했다. 여기서 '전설적'이라고 하면 '최초로~'라는 수식어가 붙는 영화들이었는데 '최초로 여자 주인공이 누드로 출연한 영화A Daughter of the Gods', '최초로 수영이 가능한 인어가 등장한 영화The Mermaid' 등에 출연해 아름다운 여성미를 발산하면서 세상의 금기에 도전하는 모습을 보여주었다.

아네트 캘러먼의 수영복 독립운동덕분에 몸에 달라붙는 수영복은 점차 대중화되기 시작했다. 수영복 디자이너들은 점점 원단을 덜 쓰는 방향으로 디자인 가닥을 잡았고 각종 패션잡지들은 이러한 유행을 부추겼다. 수영복은 점점 작아지고 가슴이 깊숙히 파이기 시작하더니 급기야 1930년대에 들어서면 배를 드러내는 투피스 수영복도 나오기 시작했다. 아직까지는 소심하게 배꼽 위의 아주 조그마한 부분만 드러나는 정도였지만 말이다.

하지만 조만간 루이 레아르가 공개할 비키니는 정말 딱 '필요한 부분'만 가리는 수준이었다. 문제는 너무나 파격적인 비키니의 디자인 때문에 그의 비키니를 입어줄 모델이 좀처럼 나타나지 않는다는 것이었다. 아무도 그의 수영복을 입으려하지 않자 스트립댄서였던 미쉐린 베르나르디니Micheline Bernardini를 고용해 모델로 내세울 수밖에 없었다.

수영장에서 이루어진 비키니 공개행사는 레아르가 예상한대로 핵폭탄을 맞은 듯한 충격에 휩싸였다. 언론사들은 너나 할 것 없이 비키니에 대한 특집 기사를 쏟아내기 시작했고 레아르는 순식간에 유명인물로 떠올랐다. 모델이었던 미쉐린 베르나르디니에겐 남자들의 팬레터가 쏟아졌다.

그런데 비슷한 시기에 비키니와 비슷한 디자인의 수영복을 출시한 사람이 프랑스에 한 명 더 있었다. 디자이너였던 자크 하임Jacque Heim은 비키니의 공개일보다 한 달 빠른 6월에 원자만큼 작다는 뜻의 아톰Atome이라고 이름 붙인 수영복을 선보였다. 아톰 역시도 충분히 파격적인 디자인이긴 했다. 그럼에도 불구하고 큰 화제를 모으지 못했던 건 금기의 선을 넘지 못하고 여전히 배꼽은 가린 형태였다는 것이다.

교황청은 이 충격적인 비키니를 공식적으로 착용금지 명령을 내렸다. 때문에 가톨릭이 강하게 작용하던 사회인 이탈리아와 스페인 등에서도 비키니 착용이 금지되었지만 헐리우드 스타들은 달랐다. 헐리우드 여배우들은 비키니를 입고 영화와 잡지에 출연하면서 비키니 유행을 선도하기 시작했는데, 일반 여성들도 이 새로운 트렌드에 동참하기 시작하면서 여름날 해변가는 비키니의 물결이 일렁이는 곳으로 변모하게 되었다.

그리고 미국에서는 스폰지밥이 탄생했다

그로부터 꽤 시간이 흐른 1999년. 비키니 섬은 더 이상 핵폭탄 실험장소로 쓰이지 않게 되었지만 섬 아래에는 바다 생물들이 모여 사는 해저마을이 생겨났다. 바다 속에 사는 해면, 즉 스폰지와 불가사리 그리고 문어를 중심으로 비키니 섬 밑의 비키니시티Bikini Bottom에서 벌어지는 이야기를 담아낸 애니메이션 〈네모바지 스폰지밥SpongeBob SquarePants〉의 이야기이다.

감독인 스티븐 힐런버그Stephen Hillenbur는 어린 시절 바다에

푹 빠져 그가 원하던 해양생
물학자가 되었다. 그는 직접
만든 만화책으로 학생들을
가르쳤는데 그의 만화에는
조간대潮間帶에 사는 의인화
된 생물들을 등장했고 여기

비키니 섬 밑의 비키니시티에서 사는 스폰지, 불가
사리, 문어의 이야기를 담아낸 애니메이션 〈네모
바지 스폰지밥〉을 탄생시켰다.

서 스폰지밥의 아이디어를 얻었다고 한다.

비키니시티의 건물들은 대부분 해양쓰레기로 만들어졌다. 버
려진 통발로 만든 햄버거 가게 미끼가 담겨있었던 양동이로 된
패스트푸드점, 해적들이 떨어트렸을 것으로 추측되는 보물 상자
마트도 있다. 주인공인 스폰지밥은 배에서 떨어진 파인애플을
집 삼아 살고 있다. 바닷 속임에도 불구하고 해변을 갖추고 있는
것도 재밌는 설정이다.

헌데 비키니시티에서 살기 위해선 충격에 조심해야 한다. 이
곳에선 아주 자그마한 충격에도 큰 버섯구름과 함께 대형폭발이
일어나기 때문이다. 자동차사고는 물론이고 넘어지거나 심지어
는 손가락을 튕길 때에도 거대한 폭발이 일어나는데 종종 실제
비키니 섬에서 발생했던 핵폭발 장면이 삽입되기도 한다. 누가
보아도 이곳에서 핵실험이 있었던 것을 암시하는 장면인 셈이다.

그 때문인지 비키니시티의 주민들은 제정신을 가지고 있는

사람이 없다. 부패한 경찰과 무능한 공무원들이 도시를 관리하고 주민들은 무한 이기주의에 빠져 서로를 믿지 못한다. 세상의 온갖 나쁜 풍습이 이곳에 다 있다해도 과언이 아닌 끔찍한 도시이다. 제작자들 스스로는 직접적인 언급을 하지 않지만 시청자라면 누구나 핵실험 부작용으로 물고기들이 사람처럼 변했으며 막장 인성을 갖게 되었다고 생각한다.

스폰지밥은 첫 방영부터 폭발적인 인기를 끌어 2015년까지 벌어들인 수익이 무려 120억 달러에 이를 만큼 많은 사랑을 받고 있는 중이다. 게다가 스폰지밥에서 파생되어 나온 여러 가지 밈Meme들은 젊은 세대라면 누구나 알고 있을 만큼 유명하고 자주 쓰인다. 소셜 미디어 시대는 이것을 더욱 확산시키는 역할을 했는데, 스폰지밥 세대가 아닌 아재라도 스폰지밥에 관한 짤방 하나쯤은 접해 봤을 확률이 높다.

일본의 고지라, 프랑스의 비키니 수영복, 미국의 스폰지밥은 지구인이라면 모르는 사람이 없을 정도로 유명한 문화의 아이콘이 되었다. 하나의 사건에서 파생되어 나온 문화들이 이렇게 유명해지는 것도 보기 드문 일이라 할 수 있겠는데 그만큼 비키니섬의 핵실험이 사람들에게 충격적이었다는 뜻도 되겠다. 앞으로 부디 제2의 고지라와 스폰지밥이 나오지 않기를 희망한다. 비키니는 빼고 말이다.

09

수족관에서 탄생한
세계에서 가장 유명한 게임

세상에서 가장 많은 220종의
파생게임이 출시된 테트리스

테트리스는 게임사에 길이 남을 기록들을 다수 보유중이다. 현
재까지 집계된 판매 개수만 7억 개, 휴대폰 다운로드수 10억 회
이상 등의 기록은 물론이고 '가장 많이 변형된 게임'이라는 기네
스북 기록도 보유중이다. 기네스북은 2017년 기준 220종류의 테
트리스가 출시되었다고 밝히면서 현존하는 모든 테트리스를 파
악하는 것이 결코 쉬운 작업이 아니었다고 고충을 토로했다. 하
지만 그들도 신은 아닌 만큼 미처 알지 못하는 테트리스가 언제

220종이나 되는 다양한 스펙트럼을 자랑하는
테트리스는 다양한 방법으로 즐겨졌다.

또 발견될지 모를 일이다.

220종이나 되는 다양한 스펙트럼을 자랑하는 테트리스니만큼 세대별 나이별 취향별에 따라 각자가 즐겼던 테트리스가 전부 다르다. 어떤 이들은 휴대용 게임보이에 팩을 꼽고 즐겼을 테고, 어떤 이들은 오락실에서 흥겨운 러시아 민요를 들으면서 플레이 했을 것이다. 또 어떤 이에게는 테트리스란 온라인에서 다른 사람들과 경쟁하면서 플레이 하는 게임이었을 것이다.

그런데 한국에서 인기가 높았던 온라인 테트리스는 2013년을 마지막으로 한국에서 영영 사라지고 말았다. 이 모든 것의 시작은 2003년 벌어진 테트리스 대란 때문이다. 테트리스의 저작권을 가지고 있다고 주장하는 미국회사 '더 테트리스 컴퍼니'가 국내에서 테트리스를 서비스하는 업체들을 상대로 저작권료 소송을 벌였던 것이다. 요구액수가 워낙 커서 다른 업체들은 전부 손을 뗐고, 한 회사만이 외로이 명맥을 잇다가 2013년을 마지막으로 문을 닫았다.

테트리스에게도 저작권이 있었다는 사실은 당시 사람들을 놀라게 했다. 그동안 테트리스를 만든 사람이 누군지 정확히 모른다부터 시작해서 소련에서 만든 것이기에 저작권이 없을 것이라는 등의 소문이 많이 떠돌아다녔기 때문이다. 이런 소문들은 신문기사로 확대 생산되면서 일종의 정설로 굳어져 버렸는데 여기엔 그럴만한 이유가 있었다.

광어에서 탄생한 테트리스가
희대의 사기꾼을 만나기까지

전설은 1984년 러시아가 아직 소련이던 시절 알렉세이 파지노프Alexey Pajitnov에 의해 탄생했다. 모스크바 국립 항공대를 거쳐 소련 과학아카데미에 입사한 파지노프는 엘리트 코스를 밟아온 최고의 인재 중 하나였다. 어느 날 수족관에 놀러간 그는 바닥으로 떨어지고 있는 넓적한 광어 한 마리를 발견하게 되었다. 그 모양새가 재밌어서 유심히 지켜보던 파지노프는 광어 대신 펜토미노 조각이 떨어지는 모습을 상상했고 바로 이때 위에서 아래로 떨어지는 테트리스의 기본 조작성을 착안하게 되었다.

그가 애당초 무에서 유를 창조한 것은 아니었다. 서양에서 예전부터 즐겨하던 게임 중 5를 뜻하는 펜토와 덩어리를 뜻하는 미노의 합성어인 '펜토미노Pentomino'라는 것이 있었다. 이것은 5개의 정사각형으로 이루어진 조각들을 이리저리

정사각형으로 이루어진 조각들을 이리저리 짜 맞추는 퍼즐게임을 파지노프가 컴퓨터 게임으로 재탄생시켰다.

짜 맞추는 퍼즐게임이었는데 파지노프가 이것을 컴퓨터 게임인 테트리스로 재탄생시킨 것이다.

파지노프는 이과정에서 5개의 정사각형으로 이루어진 조각은 게임성이 떨어질 것이라 판단하고 4개의 정사각형으로 이루어진 조각을 사용하기로 결정했다. 그 때문에 4를 뜻하는 테트라Tetra에 평소 좋아하던 테니스를 합성해 테트리스라는 이름을 만들어 냈다.

이렇게 해서 세상에 모습을 드러낸 테트리스였지만 공산주의 국가 소련은 개인의 저작권을 인정하지 않았고, 당연히 테트리스의 저작권도 소련 당국에서 관리하게 되었다. 바로 이때부터 당최 뭐가 뭔지 정확히 알 수 없는 저작권 소용돌이가 발생하게 되는데 그 중심엔 로버트 스타인Robert Stein이라는 희대의 사기꾼

이 있었다.

세계적인 사기꾼이 대박의 향기를 맡았을 때

테트리스는 출시되자마자 소련에서의 인기가 대단했다. 최초의 테트리스 그래픽을 지원하지 않는 구닥다리 컴퓨터 일렉트로니카60Electronika60 버전으로 개발된 무미건조한 텍스트 기반의 게임이었지만 그것은 큰 문제가 되지 않았다. 그의 동료들은 블록에 색을 넣고 점수판을 추가하는 등의 개량 작업을 거쳐 IBM 버전 테트리스를 만들어냈다.

파지노프는 자신의 테트리스로 돈을 벌 수 있을 것이라는 막연한 생각을 가지고는 있었지만 소련 체제 하에서 그가 할 수 있는 일은 아무것도 없었다. 그저 테트리스가 들어있는 디스켓을 사람들에게 나누어 주고 그들이 즐기는 모습을 보며 뿌듯해 하는 게 전부였다.

테트리스의 광팬이었던 파지노프의 직장상사는 테트리스가 담긴 디스켓을 헝가리 연구소의 지인에게 보내주었다. 같은 동구권에는 속해 있었지만 소련과 서방을 이어주는 창구 역할을 담당하던 헝가리의 연구원들은 IBM뿐만 아니라 애플이나 코모도어같은 서방의 컴퓨터를 마음대로 쓸 수가 있었다. 덕분에 테트리스는 애플과 코모도어 버전으로도 재빠르게 이식될 수 있었다.

헝가리 출신으로 제2차 세계대전 때 전쟁난민이 되어 영국에서 터를 잡은 로버트 스타인은 영국과 헝가리를 오가며 소프트웨어 판권을 사들이는 업자였다. 당시 동구권 과학자들은 꽤 괜찮은 소프트웨어를 많이 만들어 내고 있었지만 그 가격이 서방에 비해 낮은 수준이었다. 스타인은 뻘 속에 묻힌 진주를 잘 골라내어 서방국가에 파는 일을 하고 있었다.

운명의 그날도 스타인은 헝가리에 있었다. 평소 자주 가던 연구소를 들른 그는 평소와는 다른 진풍경을 보게 되었다. 젊은 연구원들이 테트리스를 하기 위해 긴 줄을 서 있었던 것이다. 스타인도 호기심이 발동해 줄의 끄트머리에 합류했고 이상한 퍼즐조각이 내려오는 게임을 해 볼 수 있었다. 테트리스는 게임을 즐기는 편이 아니었던 스타인 자신도 단번에 적응해 재밌게 즐길 수 있었다. 그는 테트리스에서 대박의 향기를 맡았다.

혹여 누가 먼저 나타나 이 게임을 사갈까 봐 마음이 다급해진 스타인은 테트리스의 판권을 정식으로 얻기도 전에 영국의 미러소프트와 미국의 스펙트럼 홀로바이트에 팔아넘기는 대범한 짓을 저질렀다. 그런 뒤에야 모스크바로 향해서 소련 당국과 저작권에 대한 협상을 벌였는데, 소련은 그에게서 진한 사기꾼 냄새가 나는 것을 감지하고 협상을 결렬시켜 버렸다.

별다른 문제 없이 판권을 살 수 있을 것이라 생각했던 스타인의 발등에 불이 떨어졌다. 그가 궁여지책으로 생각해 낸 방책은 오리지널 테트리스를 새롭게 코딩했던 헝가리의 프로그래머로부터 판권을 사들이는 것이었다. 스타인은 한술 더 떠 헝가리 프로그래머가 코딩한 테트리스가 원조 테트리스라는 여론전까지 펼쳤다. 덕분에 그는 온 세계가 테트리스 판권전쟁에 뛰어들게 하는 역사적인 대사기꾼으로 기록되었다.

가장 유명했고 아직도 현역인 바로 그 테트리스

사실 이후 벌어진 테트리스의 판권전쟁은 복잡하고 머리 아픈 일들이 실타래처럼 엉켜 있어서 이것으로만 책 한 권을 써도 모자랄 지경이다. 여기서 한 발 더 나아갔다간 여러분이 용서치 않고 책을 덮어버릴 것이 뻔하기 때문에(실타래를 풀어나갈 자신이 없기 때문에) 이제부터는 테트리스에 관한 색다른 사실들을 알아보고자 한다.

테트리스가 미국에 풀리기 시작하고 선풍적인 인기를 끌게 되자 사람들 사이에서 음모론이 돌기 시작했다. 그 음모론의 내

용은 테트리스가 소련의 KGB가 만든 게임이라는 것이었다. 당
시 미국은 테트리스의 강한 중독성 때문에 업무시간에도 눈치를
보면서 게임에 매달릴 정도로 사회적 부작용이 커져갔다. 그런
데 이 모든 것이 미국의 전산망을 마비시키고 사람들의 능률저
하를 일으키기 위한 KGB의 소행이고 그 때문에 무료로 테트리
스를 미국에 뿌렸다는 것이 음모론의 주된 내용이었다.

그도 그럴 것이 당시 컴퓨터로 테트리스를 즐기는 사람 중 단
한 명도 테트리스를 돈 주고 산 사람이 없었다. 물론 엄연히 (짝
퉁) 판권을 가진 회사가 존재했지만 당시 기술로는 불법복제를
막을 방법이 없었다. 테트리스는 플로피 디스켓 한 장에 불법으
로 담겨 갈대밭에 붙은 들불처럼 미국 전역으로 퍼져나갔다. 때
문에 이렇게 재밌고 혁신적인 게임에 대해 왜 아무도 적극적으
로 저작권 주장을 하지 않는 것일까라는 의문이 사람들에게 있
었는데, KGB가 공짜로 뿌린 거라면 매우 납득할만한 이야기가
되었다.

그런데 컴퓨터에서 공짜로 즐길 수 있는 테트리스를 놔두
고 일부러 오락실을 찾아서 테트리스를 하는 사람들도 있었다.
바로 오락실에 테트리스 역사상 가장 유명한 테트리스로 꼽히
면서, 2020년 현재도 오락실에서 현역으로 활동 중인 아타리
Atari사의 테트리스가 있었기 때문이다.

아타리 테트리스는 철의 장벽 너머 비밀에 쌓여있는 러시아에서 건너온 게임이라는 것을 곳곳에 강조해 놓았고, 이것이 보기좋게 들어맞아 대히트를 쳤다. 크렘린궁을 배경화면으로 러시아 알파벳 Я를 활용해 'TETЯIS'라고 이름을 적어 이국적인 느낌을 물씬 풍기게 한 것은 물론이고, 러시아옷을 입은 댄서가 전통춤인 코사크를 추는 장면도 삽입해 게임 속 소소한 재미로 작용했다.

하지만 뭐니 뭐니 해도 아타리 테트리스의 인기를 견인한 것은 BGM이었다. 경쾌하면서도 중독성 있고 어딘지 병맛의 냄새를 풍기는 러시아풍 BGM 덕분에, 사람들은 아타리 테트리스는 몰라도 BGM만은 알고 있을 정도였다.

테트리스의 BGM인 브라딘스키는 러시아 민요를 편곡한 것이 아니라 아타리 테트리스만의 오리지널 BGM이었다.

그 중 가장 유명했던 노래인 브라딘스키Bradinsky가 기존에 있던 러시아 민요를 편곡한 것이 아니라 아타리 테트리스만의 오리지널 BGM이었다는 점은 놀랄만한 사실이다. 브래드 풀러Brad Allen Fuller는 처음에 오디오 엔지니어로 아타리에 입사한 인물이었다. 돈키콩Donkey Kong과 같은 레전드 게임의 엔지니어로 참여하기도 했던 그는 숨겨진 작곡 능력을 발휘해 브라딘스키 외에도 로긴스카Loginska 등도 작곡하면서 돈키콩보다 더 레전드 게임을 히트시킨 장본인이 되었다.

아타리 테트리스에 대해서 마지막으로 짚고 넘어가야 할 것이 있다. 사실 위에서 아타리 테트리스의 배경화면을 크렘린궁이라고 써놓았지만 이건 여러분을 테스트해 보기 위한 속임수였다. 이게 무슨 소린가 하겠지만 여러분이 이제껏 크렘린궁이라고 굳게 믿고 있었던 알록달록한 알사탕처럼 생긴 건물은 사실 '성 바실리 대성당St. Basil's Cathedral'이다.

사실 사람들이 성 바실리 대성당과 크렘린궁을 워낙 많이 헷갈려하는건 사실이다. 오죽하면 구글에 크렘린궁이라고 검색해도 성 바실리 대성당이 나오겠는가. 그 두 개를 구분 못하는 건 여러분만의 무지는 아니니까 큰 충격 받지 마시길 바란다.

작대기도 정식 이름이 있었다는 충격적인 사실

그간 우리는 테트리스의 블록들을 짝대기나 네모, 오자字, 니은자 등 구수한 한국식 이름을 붙여서 불러왔지만(동네마다 다름 주의), 이 블록들에게 공식적인 이름이 있다는 걸 아는 사람은 많지 않을 것이다.

사실 테트리스의 아버지 알렉세이 파지노프가 돈 한 푼 못 번 불쌍한 호구만은 아니었다. 그는 소련이 붕괴되자 미국으로 건너와 '더 테트리스 컴퍼니TTC'를 세워 본격적으로 본전 회수에 돌입했다. 본전회수국 목록에는 당연히 한국도 들어가 있었는데 바로 이때가 한국에서 테트리스 판권대란이 일어난 시기이다.

파지노프는 TTC를 세우면서 판권에 대한 정리뿐 아니라 테트리스에서 쓰이는 용어와 룰에 대한 가이드라인도 세웠다. 블록들을 통칭해 테트로미노Tetrimino 라 부르고 7개의 블록들을 각각 I미노, J미노, L미노, O미노, S미노, T미노, Z미노라고 명명했다.

하지만 그 누구도 이런 따분한 공식 명칭을 쓰는 사람은 없었다. 이미 야전에서는 선배들의 실전 전투 경험을 바탕으로 구전되어 내려오는 그들만의 명칭이 따로 있었기 때문이었다. 'ㅗ'처럼 생긴 블록은 '가운데 손가락Middle Finger Piece'이라고 부르고 'ㅁ'처럼 생긴 블록은 '엉덩이Ass Block' 그리고 작대기는 '거시기 Cock Piece' 등이라고 불렀는데 따분한 알파벳보다는 훨씬 귀에 쏙쏙 들어오는 이름이 아닌가 싶다.

10

충전기가 뜨거워지는 이유는
에디슨과 테슬라 때문이다

우리가 쓰는 거의 모든 가전제품에는 반도체가 들어간다. 반도체는 매우 예민한 물건이라 1초에도 수십 번씩 극성이 바뀌는 교류 전기로 작동시켰다간 바로 고장이 나버린다. 그런데 집으로 들어오는 전기는 교류이기 때문에 이것을 직류로 바꿔줄 어댑터가 필요하다. 그 어댑터가 바로 충전기나 전기코드 끝에 벽돌마냥 커다랗게 덜렁거리고 있는 그것들이다.

이 어댑터들을 손으로 만져보면 난로처럼 뜨끈뜨끈한 열이 발생하고 있는데 가끔은 미칠 듯이 뜨거워져서 사람을 불안하게 만든다. 종종 실제로도 불이 나는 모양이어서 장판이 탔느니 침대가 탔느니 하는 뉴스가 전파를 타기도 한다. 애당초 집으로 들어오는 전기가 교류가 아니라 직류였다면 이런 일이 발생하지 않을 텐데 왜 우리는 굳이 교류를 직류로 바꾸는 멍청한 짓을 하고 있는 걸까?

백열등에 전기를 끼워 팔고 싶었던 에디슨

1878년 에디슨이 세계최초로 상업용 백열등을 발명했을 때, 이것이 기존의 가스등과 등유 불을 대체할 혁신적인 물건이라는 것을 단박에 알아본 사람이 있었다. 바로 그 유명한 금융가이자 투자가였던 J.P.모건이다. J.P.모건은 에디슨의 백열전구를 보자마자 그 영롱한 불빛에 매료되었고 에디슨에게 의뢰해 자신의 헛간에 발전기를 설치하고 400개의 전구로 집을 뒤덮었다.

J.P.모건은 지인들을 자신의 집으로 초대해 백열등의 시연식을 열었다. 깜깜한 방을 전기로 밝히는 놀라운 광경을 목격한 사람들은 너도 나도 에디슨에게 백열등 설치를 의뢰하기 시작했다. 여기까지 들으면 에디슨의 수많은 발명품 중 하나가 또 성공을 했구나 하겠지만 사실 에디슨에겐 고민이 한 가지 있었다.

천재적인 발명가임과 동시에 뛰어난 사업가이기도 했던 에디

에디슨은 백열전구를 대중에게도 보급하고 싶어 했고, 그러기 위해서는 발전소가 필요했다.

슨은 극소수의 상류층만이 쓸 수 있는 백열전구를 대중에게도 널리 보급하고 싶어 했다. 그러기 위해선 당연히 각 가정마다 전기가 공급되어야 했는데 이게 생각보다 만만치가 않았다. 서민들의 집집마다 값비싼 발전기를 설치한다는 것은 말도 안 되는 이야기였고, 백열등 사업이 성공하기 위해선 발전소를 세워 전력망부터 깔아야만 했다. 그렇게만 된다면 전기도 팔고 백열등도 팔 수 있는 최고의 비즈니스 모델이 만들어 지는 것이었다.

문제는 돈이었다. 그 어떤 제반시설도 없는 상태에서 전기를 만들어 각 가정으로 공급하기 위해선 천문학적인 비용이 들어갔기 때문이다. 이 때 J.P.모건이 에디슨의 백기사로 등장했다. 이리보고 저리봐도 전기와 백열등이 성공할 수밖에 없는 유망한 사업이라고 생각한 J.P.모건은 에디슨의 발전소 사업에 투자를 하기로 결심했고 둘은 의기투합해 뉴욕 곳곳에 발전소와 전력망을 깔기 시작한다.

1882년 뉴욕 맨해튼 한가운데 첫 번째 발전소를 세우고 110 볼트 직류 전기를 생산해 필라멘트 전구를 밝혔을 때까지만 하더라도, 에디슨과 J.P.모건은 자신들 사업의 성공을 확신하고 있었다. 자신들의 전기가 맨해튼 밤거리를 활짝 빛내는 것을 보면서 직류전기가 가지고 있는 몇 가지 단점들은 대수롭지 않을 것이라 생각했다. 하지만 이것이 매우 잘못된 판단이라는 것을 깨닫는 데에는 그리 오랜 시간이 필요하지 않았다.

당시 직류 전기가 가지고 있는 단점은 크게 두 가지였는데 그중 하나는 발전기의 잦은 고장이었다. 직류 전기를 생산하는 직류 모터는 태생적인 결점을 가지고 있었다. 모터에 전기를 공급해 주는 부분과 회전 운동을 하는 부분이 물리적으로 접촉을 해야만 해서 전기불꽃이 튀거나 과열이 발생하고 큰 소음이 발생했다. 때문에 직류 모터는 고장이 잦을 수밖에 없었고 모터를 수리하는 인력과 시간 그리고 비용이 필연적으로 증가할 수밖에 없었다.

하지만 뭐니 뭐니 해도 직류 발전이 가지고 있는 가장 치명적인 단점은 전기를 멀리까지 보낼 수가 없다는 것이었다. 전기라는 것은 멀리 보내면 보낼수록 손실이 발생하기 때문에 필요한 전압보다 더 높은 전압으로 송전을 해야 했다. 하지만 당시 기술로 직류 전기를 변압하는 것은 매우 어려웠다. 이로 인해 안정적인 110볼트 전기를 공급하기 위해선 수요처 바로 옆에 발전소를 지어야만 했다. 당시 에디슨의 직류 발전소 1개로 고작 1km 반경 남짓한 지역만을 커버할 수 있었는데, 가정집 바로 옆에 그것도 여러 개의 발전소가 있어야지만 안정적인 전력망을 구축할 수 있었다.

에디슨의 전기회사는 분명히 전기를 팔아서 이익이 나긴 했지만 이 돈을 가지고 계속 새로운 발전소를 짓느라 바빴고 모터를 수리하고 관리하는 비용 또한 만만치 않았다. 아버지의 반대를 무릅쓰고 전 재산을 올인한 J.P.모건 입장에서는 밑 빠진 독에 물 붓는 이 상황이 미칠 노릇이었고 에디슨도 에디슨대로 이 문제를 해결하지 못해 골머리를 썩이고 있는 중이었다.

갑분싸를 만든 미국식 유머

이 문제를 해결한 사람이 바로 천재 발명가 니콜라 테슬라 Nikola Tesla였다. 세르비아계 오스트리아인 이민자였던 테슬라는 평소 동경하던 에디슨의 회사에 취직해 직류 모터의 수리와 관리를 맡고 있었다. 때마침, 직류 모터를 개선하는 사람에게는 5만달러의 보너스를 주겠다는 에디슨의 공고를 본 그는 직류 모터를 개량하는 한편 자신이 구상하고 있었던 교류 모터를 에디슨에게 제안하는 모습까지 보였다.

테슬라는 예전부터 직류 모터의 문제점을 잘 알고 있었다. 때문에 직류 모터를 대체할 교류 모터를 예전부터 고안해 놓고있었는데, 이번 기회에 자신이 존경하는 에디슨에게 검사를 맡아볼 참이었다. 테슬라의 교류 모터는 전극이 수시로 바뀌는 교류 전기의 성질을 이용해 모터가 물리적으로 접촉하는 부분이 없이 회전할 수 있게 만드는 매우 천재적인 아이디어였다.

게다가 이렇게 생산된 교류 전기는 직류와는 다르게 전압을 마음대로 조절할 수 있어서 고압송전을 쉽게 할 수 있었다. 따라서 도시 안에 설치된 여러 개의 직류 발전소를 외각에 설치된 하나의 교류 발전소로 대체가 가능했고 비용 또한 획기적으로 줄일 수 있었다.

하지만 전 세계에서 가장 유명한 발명왕이었던 에디슨의 자존심은 테슬라의 교류 발전이 자신의 직류 발전보다 낫다는 것을 인정하지 않았다. 이제까지 직류 발전소에 쏟아 부은 투자비를 생각한다면 더욱 그랬다. 게다가 유럽출신이었던 테슬라에게 미국식 유머를 이해하지 못한다며 5만 달러의 보너스마저 지급을 거부했다. 이에 격분한 테슬라는 에디슨의 전기회사를 뛰쳐나와 자신의 아이디어를 사줄 기업을 찾아 다녔다. 자신에게 투자할 회사만 찾는다면 에디슨의 코를 납작하게 해 줄 자신이 테슬라에게는 있었다.

조지 웨스팅하우스George Westinghouse는 현재도 쓰이고 있는 압축공기로 철도를 제동하는 시스템을 고안해 엄청난 부자가 된 사람이었는데 그의 눈에 테슬라의 교류 전기가 들어왔다. 웨스팅하우스는 교류 전기가 직류 전기보다 뛰어나다는 것을 금세 파악하고 테슬라의 특허를 사들인 다음 전기회사를 세우게 되는데 이때부터 본격적으로 에디슨과 테슬라의 전류전쟁이 시작된다.

전류전쟁

웨스팅하우스가 테슬라와 손잡고 교류 발전 사업을 한다는 소식을 들은 에디슨은 그때부터 교류 전기에 대한 온갖 나쁜 소문을 다 퍼트리고 다니기 시작했다. 에디슨은 교류가 고압의 전기를 송전한다는 사실을 집요하게 물고 늘어졌는데 '에디슨 전기 회사가 보내는 경고A Warning from the Edison Electric Company'라는 팸플릿까지 제작해 고압전류로 사람이 죽을 수도 있다는 공포감을 조성했다.

에디슨은 이에 그치지 않고 교류 전기를 이용해 살아있는 동물을 죽이는 실험까지 대중 앞에서 자행했다. 처음엔 개나 고양이처럼 작은 동물들을 죽이더니 점점 덩치가 커지기 시작해 말과 소까지도 그 대상으로 삼았다. 에디슨 전기도살쇼의 하이라이트는 코끼리였다. 때마침 사육사를 밟아 죽인 코끼리가 뉴욕을 떠들썩하게 하자 에디슨은 이 기회를 놓치지 않았다. 그는 카메라까지 동원해서 코끼리를 죽이는 모습을 촬영해 사람들을 경악케 했다.

사람들은 직류와 교류가 뭔지는 잘 몰랐지만 미국에서 가장 위대한 발명가인 에디슨이 두 팔 걷어붙이고 교류를 반대하는 데에는 다 이유가 있을 것이라 생각했다. 여론이 슬슬 에디슨 쪽으로 움직이기 시작한 것이다. 에디슨은 이 여론전을 승리하기 위한 마지막 결정타를 찾고 있었는데 그것은 끔찍하게도 사람이었다.

당시 뉴욕에선 교수형이 사람을 너무 고통스럽게 죽인다는 의견을 받아들여 다른 방식의 사형 제도를 고심하고 있었다. 에디슨은 새로운 사형도구로 교류를 이용한 전기의자를 제안했고 고압의 전류가 인간에게 가장 고통 없이 죽음을 선사할 것이라며 뉴욕 주를 설득했다. 만약 전기의자가 채택되면 테슬라의 교류 전기는 사람을 죽이는 살인전기로 사람들에게 인식될 것이 뻔했기 때문이었다. 에디슨의 사활을 건 로비는 성공했고 뉴욕의 공식적인 사형집행 도구는 전기의자로 낙점되었다.

뉴욕은 이 새로운 사형도구를 1890년 8월 6일 자신의 아내를 도끼로 죽인 살인자 윌리엄 케믈러William Kemmler를 대상으로 처음 사용할 것이라고 발표했다. 웨스팅하우스측은 전기의자가 교수형보다 훨씬 나쁜 사형방법이라고 반발하면서, '잔인하고 특이한 처벌 금지법'을 위반했다고 뉴욕 주를 상대로 소송까지 걸었지만 소용이 없었다.

과연 윌리엄 케믈러는 에디슨의 주장대로 최대한 빠르고 고통 없이 저세상으로 갔을까? 당시 참석했던 증인들의 증언에 의하면 실상은 정반대였다. 케믈러가 전기의자에 앉자 사형집행관은 1,000볼트의 전류를 약 17초간이나 흘려보냈다. 케믈러가 꿈틀거리지 않게 된 것이 17초나 지나서였다. 안타깝게도 참관의들은 그의 상태를 확인한 뒤 아직 살아있다고 선언했다. 케믈러에겐 다시 2,000볼트의 전류가 가해졌고 사형실 안은 피냄새와 고기냄새로 진동을 했다. 케믈러가 죽기까지는 총 8분이나 필요했다.

미국의 신문사들은 참관인들의 인터뷰를 실으며 전기의자가 교수형보다 더 끔찍한 광경이라며 자극적으로 보도하기 시작했다. 여론이 에디슨에게 안 좋게 흘러가자 이제까지 당하기 만했던 웨스팅하우스도 여론전에 가세했는데 차라리 도끼를 사용했으면 더 고통이 없었을 것이라며 에디슨을 조롱했다.

23만 개의 전등을 밝혀라

하지만 전류전쟁을 끝낸 건 이런 여론전이 아니었다. 직류와 교류 중 어느 것이 더 효율적인 전기인가 진검승부를 내지 않으면 끝도 없는 흑색선전만 오갈 것이 분명했다. 다행히도 에디슨과 테슬라가 한 판 제대로 붙을 멍석이 깔렸는데 그것은 바로 때마침 열린 시카고 만국 박람회였다.

1893년에 열린 시카고 박람회는 우리에게도 매우 뜻깊은 박람회였다. 조선이 최초로 참가한 박람회였기 때문이었다. 당시 미국은 조선에도 초청장을 발송해 박람회의 참가를 요청했고 고종은 악공들을 주축으로 하는 10명의 참가단을 시카고로 파견해 조선관을 운영했다. 이때 가지고 갔던 악기들과 전시품들은 모두 미국의 박물관에 기증되었는데 2013년에는 이 악기들이 옛 모습 그대로 한국으로 돌아와 특별전이 열리기도 했다.

1893년의 시카고 박람회에서 23만 개의 전등에 전기를 공급해줄 회사를 공개 입찰 했고 테슬라가 맡게 되었다.

이처럼 중국과 일본 사이에 끼어 잘 알려지지 않은 나라였던 조선에까지 초청장을 보낸 시카고 박람회였던 만큼 준비 또한 대대적으로 이루어졌다. 세계 각지에서 온 사람들에게 미국의 발전된 모습을 보여주기 위해선 전구를 이용한 불야성만큼 제격인 것이 없었다. 박람회측은 23만 개의 전등을 박람회장 곳곳에 설치한다는 야심찬 계획을 세우고 전기를 공급해줄 회사를 공개 입찰했다.

당연히 에디슨과 테슬라 양측 모두 입찰에 뛰어들었는데 결과는 에디슨보다 절반의 비용만을 써낸 테슬라 측의 승리였다. 당시 에디슨의 점보 발전기 1대는 겨우 1,200개 정도의 전구만을 밝힐 수 있는 용량이었는데, 단순 계산만으로도 190개 이상의 발전기가 필요로 한 에디슨의 직류 발전은 당연히 비용이 비쌀 수밖에 없었던 것이다.

나이아가라 폭포 발전소 사업 역시 테슬라에서 진행하며
에디슨은 전기사업에서 완전히 손을 뗐다.

에디슨의 직류를 완전히 녹다운 시킨 것은 나이아가라 폭포 발전소 사업이었다. 나이아가라 폭포와 40km 정도 밖에 떨어져 있지 않은 버팔로시는 나이아가라 폭포의 풍부한 수력을 이용해 전기를 공급할 사업자를 찾고 있었다. 당시 에디슨의 직류는 길어봐야 1km 남짓한 거리까지만 전기 공급이 가능했기 때문에 당연히 이 사업도 테슬라측이 따내게 되었는데 이 사건은 에디슨을 전기사업에서 완전히 손을 떼게 만들었고 그 어느 때보다 추잡스러웠던 두 과학자의 전류전쟁은 테슬라의 승으로 돌아갔다.

다시 직류의 시대로

그렇다면 직류는 교류에게 패배해 영원히 역사의 뒤안길로 사라지게 되었을까? 현재까지 스코어만 놓고 봤을 때는 그런 것처럼 보이지만 과학자들은 앞으로 다시 직류의 시대가 올 것이라고 전망한다. 가장 큰 이유는 신재생에너지 때문이다. 전통적으로 모터나 터빈을 돌려 발전하던 시대에는 자연적으로 교류 전기가 만들어졌지만, 요즘 빈 땅만 있으면 설치된다고도 하는 태양광 패널이나 풍력발전기의 대부분은 직류 전기를 생산하기 때문이다.

이렇게 생산된 직류 전기는 기존의 교류송전망을 이용해야 하기 때문에 교류로 변환되어 가정까지 전송된다. 그리고 가정에선 이 교류 전기를 다시 한 번 직류로 바꿔서 써야 하기 때문에 효율적인 면에서 엄청 손해를 볼 수밖에 없다. 앞으로 전력생산의 많은 부분을 신재생에너지가 담당할수록 낭비되는 전기가 많아질 수밖에 없다.

따라서 앞으로 50년만 지나면 교류가 아닌 직류가 새로운 표준전송방식으로 자리 잡을 것이라는 예측도 나오고 있다. 사실 직류도 교류 못지않은 장점을 가지고 있다. 하지만 에디슨과 테슬라 당시의 시대에는 직류 전기의 장점을 살려줄 기술이 아직

개발되지 않았기 때문에 에디슨이 참패를 했던 것인데 지금은 상황이 많이 달라졌다.

이제껏 교류가 직류를 이길 수 있었던 단 한 가지 이유는 높은 전압을 만들어 더 멀리까지 송전이 가능했기 때문이었다. 하지만 교류는 직류에 비해 무효전력이 많이 발생해 멀리 보내면 보낼수록 전력낭비가 급격히 높아진다는 단점이 있었다.

이제까지는 이 단점을 감안하더라도 교류로 송전하는 것이 더 이득이었지만 최근에 직류를 고압으로 전송하는 초고압직류송전HVDC이 개발돼 이 문제를 해결해 버렸다. 이제는 똑같은 거리로 전기를 보내더라도 직류가 교류보다 효율 면에서 앞서게 된 것이다. 아마도 우리의 다음 세대들은 지금과 같이 무식하게 큰 전자제품 어댑터를 들고 다니지 않아도 되는 세상에서 살 수 있을지도 모른다.

11

기술과 함께 발전하는 기억의 크기

오로지 소리만을 기록하기 위해 탄생한 CD

실생활에서 CD의 쓰임새가 거의 없어진 요즘에도 가수들은 여전히 CD로 앨범을 발매한다. 디지털 싱글이라고 해서 CD없이 디지털 음원만 발표하는 경우도 늘고는 있지만, 아직까지 음악은 CD로 듣는 것이라는 인식이 박혀 있다 보니 그 습관을 없애기란 쉽지 않은 모양이다. 그렇지만 LP나 테이프와 같은 선배들이 모두 그러했듯이 조만간 CD도 역사 속 어딘가로 퇴장할 운명이라는 것만은 분명해 보인다.

요즘 세대들에게 음악은 스마트폰으로 스트리밍해서 듣는 것이고, 게임은 인터넷에 접속해서 다운받아 즐기는 것이다. 특별히 오디오에 취미가 있거나 가수의 광팬이 아닌 이상, CD를 사는 문화는 애저녁에 사라졌다. 종이책은 들고 다니면서 지적인 척이라도 할 수 있지만 CD는 도통 쓸모가 없다. 때문에 요즘 가수들, 특히나 아이돌들의 CD에는 CD를 사야지만 볼 수 있는 두꺼운 포토북이 항상 같이 들어있다. CD를 사면 포토북을 부록으로 주는 형식이 아니라 포토북을 사면 CD를 부록으로 주는 개념으로 바뀌어져 있는 것이다.

고로 지금의 젊은 세대들이 사회의 주류를 차지하는 시대가 오면 CD는 소멸의 길로 접어들 것이 자명하다. 혹시라도 몇 십년 후에 디지털 음원에 질린 사람들이 아날로그 감성을 그리워하면서 비싼 값으로 중고 CD(물론 CD가 아날로그가 아니라는 건 알고 있다)를 구입하려는 기현상이 일수도 있으니 집에 있는 CD들은 잘 보관해 두길 바란다.

이처럼 지금은 찬밥 취급을 받고 있는 CD지만 80년대 초 처음 등장할 당시엔 침체된 음반업계를 살린 영웅적 존재였다. 당시 카세트테이프가 널리 보급되고 복제가 쉬워지면서 두 개가 팔릴 것이 하나만 팔리던 시절이었다. 테이프보다 비싸긴 했지만 음질은 비교도 안 될 정도로 훨씬 좋고 (아직까지는)복제가 불가능한 CD가 등장하자 앨범업계에 다시금 활력이 돌았다.

저장장치의 발전은 생활의 편리를 가져왔다.

CD를 만든 주역은 소니와 필립스였다. 각자 독자적으로 레이저 방식의 디지털 저장장치를 개발하고 있었던 두 회사는 서로의 기술력을 합쳐 통일된 규격의 CD를 발매하기로 합의하고 74분 33초를 담을 수 있는 12cm 규격의 CD를 세상에 내놓게 되었다. 그런데 70분도 아니고 74분 33초라는 애매한 길이로 CD를 만든 것은 왜 그랬을까?

사실 필립스는 60분이 재생 가능한 11.5cm 규격을 표준으로 밀었다. 당시 카세트테이프의 대각선 길이가 11.5cm였기 때문에 휴대가 가능한 '콤팩트디스크'의 장점을 극대화시키기 위해서 카세트테이프와 동일하게 CD의 크기를 정하고 싶었던 것이다. 하지만 소니의 모리타 아키오盛田昭夫회장은 이것에 반대하며 12cm 규격을 주장했다. 전해지는 이야기에 따르면 베토벤 교향곡 〈합창〉의 광팬이었던 아키오 회장이 현존하는 합창 앨범 중 가장 긴 빌헬름 푸르트뱅글러Wilhelm Furtwängler의 74분 버전을 한 장의 CD에 담기 위해서였다고 한다.

비록 이 이야기가 사실이 아니라 하더라도 세상에 처음 선보이는 값비싼 CD를 정착시키기 위해선 삶의 여유가 있으면서 클래식을 즐겨듣는 상류층을 공략하는 것이 올바른 마케팅 전략이었을 것이라 생각된다. 실제로 CD를 처음 공개하는 자리에 독일의 지휘자 카라얀Herbert von Karajan이 함께 등장한 것만 봐도 초창기 CD의 공략층이 어디였는지 명확히 알 수 있다.

애초에 CD는 오로지 소리만을 기록하기 위해 탄생한 물건이었다. 그러나 동일한 원리를 사용해 디지털 정보 또한 담을 수 있었고 CD-ROM으로도 파생되었다. CD-ROM은 기존의 플로피 디스켓의 단점을 대체하는 완벽에 가까운 저장장치였다. 하지만 CD-ROMRead Only Memory이라는 이름에 걸맞게 수정을 못 한다는 치명적인 약점을 안고 있었다. 하지만 이것을 보완한 CD-RWRe Writable가 나오면서 마지막 단점도 극복할 수 있었다.

CD를 복사할때는 흔히들 'CD를 굽는다'는 표현을 많이 썼다. 하지만 이것은 관용적인 표현이 아니었다. 실제로 CD의 표면을 고온의 레이저로 태웠기 때문에 생긴 말이었다. CD-RW의 표면엔 특수한 물질이 발라져 있는데 고온의 레이저로 표면을 녹여서 데이터를 기록한다. 데이터를 지울 땐 좀 더 낮은 온도의 레이저를 쏘아서 표면을 원래대로 만드는 과정이 필요하다. 이 과정에서 실제로 무언가 타는듯한 묘한 냄새가 났는데 이 때문에 'CD를 굽는다'라는 표현이 정착되었던 것이다.

최악의 가성비템 플래시 메모리

영원할 것 같았던 CD의 시대도 불과 20년 만에 강력한 라이벌의 등장으로 존재를 위협받았다. CD가 한 시대를 풍미한 강력했던 저장매체였던 것은 확실했지만, 21세기의 CD는 콤팩트디스크라는 이름에 걸맞지 않게 크기가 부담스러운 존재가 되었다. 커다란 CD플레이어를 휴대하기 위해선 가방이 필수였고 가방 안엔 항상 여러 장의 CD를 달그락 달그락 대며 가지고 다녀야 했는데 이것에 짜증이 난 사람들은 MP3플레이어로 눈을 돌렸다.

MP3플레이어는 주머니에도 들어갈 만큼 휴대가 간편했고 여러 장의 CD를 가지고 다니지 않아도 되었다. 게다가 개인 간 파일공유 사이트가 성행하면서 MP3플레이어에게 날개가 달렸다. 하지만 MP3플레이어도 장점만 있는 것이 아니었다.

가격이 비싸다는 점은 MP3플레이어에게 매우 치명적인 단점이었다. 당시 MP3플레이어가 비쌌던 이유는 플래시 메모리를 저장장치로 썼기 때문이었다. 84년에 처음 개발된 플래시 메모리는 그간 성능의 발전이 너무 느려 실용적으로 쓸 수 있을지에 대한 의문부호가 붙은 물건이었다. 하지만 음악파일의 용량을 획기적으로 줄여주는 MP3가 등장하면서 이야기가 달라졌다.데이터를 압축하는 MP3는 비록 음질에서는 손해를 봤지만 음악 1곡을 5메가바이트 정도의 작은 용량으로 줄일 수 있었다. 이 정도면 플래시 메모리에도 충분히 앨범 1개 분량을 담을 수 있었다.

그렇다고 해서 당장 CD처럼 다른 데이터 파일까지 담을 수 있는 저장장치가 된 것은 아니었다. 2000년대 초반 나왔던 64메가바이트(기가바이트가 아니다) MP3플레이어의 가격이 대략 25만원 정도 했었는데(본인이 실구매했던 기억을 떠올렸기 때문에 정확하지 않을 수 있다), 당시 700메가바이트 CD한 장이 천원이었던 걸 감안하면 극악의 가성비템이 바로 플래시 메모리였던 것이다.

그로부터 이십여 년이 훌쩍 지난 지금도 플래시 메모리는 여전히 비싸다. 물론 그때와 비교하면 말도 안되게 용량도 커지고 가격도 싸졌지만 하드디스크에 비하면 여전히 귀하신 몸인건 마찬가지이다. 플래시 메모리가 하드디스크에 비해 속도가 확연히 빠르다는 장점을 가지고 있음에도 불구하고, 대용량의 저장장치가 필요하다면 여전히 전통의 강자 하드디스크를 선택해야만 한다. 하드디스크란 녀석은 대체 무엇일까?

천공카드의 한계를 느끼던 당시 IBM350은 혁신 그 자체였다.

딱딱한 원반과 말랑말랑한 원반

하드디스크가 처음 등장한건 1956년의 일이었다. 당시 IBM
은 305라맥 305RAMAC이라는 컴퓨터를 출시하면서 IBM350라고
명명한 하드디스크를 함께 선보였다. 라맥은 '회계와 제어의 랜
덤 접근법Random Access Method of Accounting and Control'의 첫 글자를
딴 단어였는데, 라맥의 정체성을 가장 잘 설명해 주는 단어가 바
로 랜덤이었다.

이전까지의 기억장치들은 정보에 실시간으로 접근하는 것이
불가능했다. 즉 A-B-C와 같이 정보가 차례대로 입력이 되어 있
을 때 C 정보를 읽기 위해선 반드시 A-B를 거친 다음 C에 접근
할 수 있었다. 때문에 즉각적인 정보처리가 불가능했고 용량 또
한 매우 적었다.

하드디스크가 등장하기 전 저장장치의 주류를 점하고 있었던 것은 천공카드였다. OMR 카드의 전신이라 할 수 있는 천공카드는 컴퓨터용 사인펜으로 마킹을 하는 대신 구멍을 뚫어서 컴퓨터가 인식할 수 있도록 했다. 천공카드 한 장이 담을 수 있는 정보량은 극히 적었는데 정보의 양이 많아질수록 보관해야만 하는 천공카드의 양이 기하급수적으로 늘어났다. 천공카드를 순서가 뒤바뀌지 않게 보관하고 다시 컴퓨터에 입력하는 것은 보통일이 아니었다.

이러한 컴퓨터 환경 속에서 IBM이 선보인 IBM350은 혁신 그 자체였다. 플래터Platter라 불리는 50개의 금속원판에 자성을 이용해 정보를 저장하고, 모터를 사용해 분당 1,200회 고속회전을 시켜 초당 8,800개의 문자 전송이 가능케 했다. 플래터 사이를 누비는 한 쌍의 헤드는 매우 신속하게 움직여서 정보가 어디에 저장되어 있든지 즉각적으로 접근이 가능하게 만들었다. 말 그대로 랜덤하게 정보에 접근이 가능해진 것이다. 저장용량 또한 당시로선 획기적인 3.75'메가바이트'를 자랑했는데 천공카드로는 62,500장이 있어야 저장이 가능한 용량이었다.

문제는 크기였다. 이 새로운 저장장치는 24인치 금속 플래터 50개가 수직으로 정렬되어 캐비닛에 담겨있었는데 높이 172cm, 길이 152cm, 폭 73cm에 이르는 거대한 녀석이었다. 하

지만 이것은 단지 저장장치인 IBM350 하나의 크기였고 305라
맥 컴퓨터 전부를 설치하는 건 또 다른 차원의 이야기였다. 305
라맥에는 여전히 천공카드를 읽을 수 있는 장치가 붙어 있었고
중앙처리장치, 전원공급장치, 조작콘솔, 프린터 등의 것들이 함
께 따라왔다. 여기에다가 하드디스크를 추가로 여러 개 설치할
수도 있었기 때문에 마음만 먹는다면 사무실 하나를 컴퓨터로만
채우는 것도 가능했다. 이 거대한 컴퓨터를 운반하기 위해선 지
게차가 필수였고 고객에게 배송하기 위해선 비행기가 필요했다.

세이브 아이콘의 아이콘이 된 플로피 디스크

이렇다보니 세상은 필연적으로 하드디스크의 장점을 그대로
가지고 있으면서도 작고 가벼운 저장장치, 즉 사기템을 원하기
시작했다. 이것은 비단 소비자의 입장에서가 아니라 판매자였던
IBM도 간절히 원하고 있었다. 언제까지나 비싼 비행기로 컴퓨터
를 운반할 수는 없는 노릇 아닌가.

IBM은 좀더 발전된 저장방식을 찾기 위해서 지구상에 있는
거의 모든 물질을 대상으로 실험에 매진했다. 구관이 명관이라
는 한국 속담을 당시 IBM 연구자들이 알았다면 좋았을텐데. 오

랜 연구 끝에 내린 결론은 기존의 하드디스크와 같이 자기를 이용한 저장방식이 가장 낫다는 것이었다. 다만 무거운 금속판을 대신해 가벼운 플라스틱을 사용할 수 있었다는 게 위안거리였다. IBM은 이 8인치짜리 얇은 플라스틱 판에 플로피 디스크라는 이름을 붙였다. 팔랑팔랑Floppy한 성질에 딱 걸맞는 네이밍이라 할 수 있었다.

플로피 디스크의 작동원리는 하드디스크와 거의 흡사했다. 플라스틱 원반에 자성으로 정보를 저장한 뒤 헤드를 이용해 읽어들였는데, 한 가지 다른 점이 있다면 헤드와 원반이 맞닿아 있어야 한다는 점이었다. 때문에 플로피 디스크는 쓰면 쓸수록 닳아서 데이터를 날려 먹을 우려가 있었다. 게다가 1971년 공개된 최초의 플로피 디스크는 고작 80킬로바이트만을 저장할 수 있었고 먼지가 묻으면 표면에 상처가 생기기 일쑤여서 안정성과 용량면에서 하드디스크에 비해 장점이 없었다.

그럼에도 불구하고 플로피 디스크가 성공할 수 있었던 것은 무려 우편으로 배송이 가능하다는 점이었다. 고객이 그 어디에 있든지 우편부가 갈 수 있는 곳이라면 우표 한 장으로 배달이 가능하다는것은 하드디스크와는 상대도 안 되는 장점이었다. IBM은 이 플로피 디스크에 먼지가 묻는 것을 방지하기 위해서 딱딱한 재킷으로 감싼 뒤 디스크와 재킷의 합성어인 '디스켓'이라는 이름을 붙여 판매하기 시작했다.

단점으로 지적받은 작은 용량은 해가 갈수록 기록밀도가 좋아져서 점점 늘어나기 시작했고, 크기도 8인치에서 5.25인치, 3.5인치로 꾸준히 줄어들면서 1990년대까지 컴퓨터 저장장치 시장을 장악할 수 있었다. 지금은 여타 다른 저장장치에 밀려 그 흔적을 감추었지만 디스켓의 독특한 모양만은 '저장 아이콘'으로 남아 플로피 디스크를 접해보지 못한 세대들에게 이게 대체 무슨 그림일까 궁금증을 자아내게 하는 중이기도 하다.

쓸모의
순간

12

쿼티의 세 가지 탄생 설화

산업혁명의 나비효과

영국이 본격적으로 제국주의의 바다에 뛰어들기 시작하면서 엄청난 양의 나무가 필요해졌다. 배를 만들고 철을 제련하는 땔감으로 쓰기 위해서 무차별적으로 나무를 베어냈는데 너무나 당연하게도 곧 나무 부족사태에 당면하고 말았다. 이 사상초유의 자원고갈사태를 해결하기 위해 식목일을 지정해서 나무를 심고 국토녹지화에 힘을 썼을 리가 만무했던 영국인들은 또 다른 자원에 눈을 돌리기 시작하는데 그것이 바로 석탄이었다.

석탄은 비록 엄청난 공해를 만들어 내기는 했지만 나무를 땔

감으로 썼을 때보다 효율이 월등히 좋았다. 그리고 결정적으로
영국 전역에 엄청난 양이 묻혀 있었기 때문에 나무를 대체할 자
원으로 손색이 없었다. 영국의 산업혁명이 풍부한 석탄매장량
덕분에 성공했다는 말까지 있을 정도로 신의 축복을 받은 셈인
데, 저 섬나라 영국에도 어마어마한 양의 자원이 묻혀 있는 걸
보고 있자니 단군할아버지가 부동산 사기를 당해서 한반도에 땅
을 샀다는 루머가 사실일 수도 있겠다는 강한 확신이 든다.

　탄광에서의 일은 모든 것이 난관이고 고역이었는데 그 중에서
도 지하수가 흘러나와 갱도가 잠기는 것이 가장 큰 골칫거리였다.
지하갱도의 물을 밖으로 퍼내는 일은 사람의 힘으로는 도저히 감
당하기 힘든 영역이었고 이 때문에 기계를 이용해 물을 퍼내고자
하는 여러 가지 시도가 이어졌다. 토마스 뉴커먼Thomas Newcomen
은 증기를 이용해 물을 퍼내는 기계를 고안해낸 첫 번째 사람은
아니었다. 하지만 선구자들이 만들었던 증기기관의 단점을 보완
해 최초의 상업적 증기기관을 만든 사람으로 역사에 남았고 그의
증기기관 펌프 100여대는 탄광에 실전 배치 되기도 했다.

　그러나 뉴커먼의 증기기관도 완벽하지 못했다. 높은 압력을
만들어낼 수 없어서 피스톤 운동을 대기압에 의존해야 했고 덕
분에 동작속도는 매우 느렸다. 제임스 와튼은 이 문제점을 해결
한 사람이었다. 제임스 와튼의 증기기관은 고압을 만들어낼 수

있었고 오로지 증기의 힘만으로도 작동이 가능했다. 이 덕분에 방직기는 더 이상 수력에 의존하지 않아도 되었을 뿐만 아니라 강가를 벗어나 널따란 대지에 공장을 짓고 여러 대의 기계를 한꺼번에 돌릴 수 있게 되었다. 시골에서 농사를 짓던 사람들은 낫을 던져 버리고 방직회사에 취직하기 위해 도시로 몰려 들었다. 산업화의 시대가 열린 것이다.

가내수공업에서 탈피한 거대규모의 기업들이 속속 등장하면서 이전까지는 겪어보지 못한 새로운 문제점들이 생기기 시작했는데 그 중 하나는 작성해야할 서류들이 너무 많다는 것이었다. 모든 것이 기계화 되고 자동화 되었지만 여전히 서류 작업은 깃털 펜에 잉크를 묻혀가며 손으로 쓰는 실정이었다. 잉크가 손에 묻어 번지거나 잉크가 종이 위에 흩뿌려지기라도 하면 손가락에 쥐가 나가며 고생해서 쓴 서류를 다시 작성해야만 했다. 시대는 타자기를 요구하고 있었다.

쿼티의 탄생

사실 종이에 글자를 쓰는 기계라는 것이 산업혁명 이후에 나온 혁신적인 아이디어는 아니다. 이미 1575년 이탈리아에서

는 '스크리뚜라 따띠네Scrittura Tattile'라는 문자인쇄 기계가 발명
되었고, 1714년 영국에서는 헨리 밀Henry Mill이 글자기록 기계
Machine for Transcribing Letters라는 이름으로 특허를 출원한 기록이
남아있다. 하지만 실용적으로 사용할 수 있는 타자기의 발명은
100여 년을 더 기다려야만 했다.

19세기 초부터 본격적으로 타자기에 대한 수요가 일자 여러
가지 형태의 타자기들이 나오기 시작했다. 타자기가 어떻게 생
겨야 하는지, 어떤 매커니즘으로 작동해야 효율이 좋은지가 아
직까지 명확하지 않았던 시기였기 때문에 여러 가지 실험적인
타자기들이 속속 등장하던 그런 시기였다.

그러한 타자기들 중에서 최초
로 상업화에 성공한 것은 1865
년 덴마크 출신의 발명가 라스
무스 한센Rasmus Malling-Hansen
이 만든 '한센 라이팅 볼Hansen
Writing Ball'이었다. 공 모양의 본
체에 길쭉한 키들이 마치 바늘
처럼 꽂혀 있는 이 타자기는 숙

한센 라이팅 볼은 타자기들 중에서 최초
로 상업화에 성공했다.

달만 된다면 납득이 갈만한 속도를 낼 수 있었다. 게다가 글자도
정확하게 찍히고 행간과 자간도 일정해서 매우 훌륭한 결과물을

보여주었기 때문에 유럽에서 꽤 히트를 칠 수 있었다. 하지만 한 센이 양손가락으로 키를 누르는 기계를 만들어야지라고 마음먹었을 때 피아노를 떠올리지 않은 것은 매우 치명적인 실수였다.

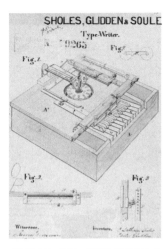

일련번호를 매기는 기계를 글자까지 쓸 수 있게 발전시키며 타자기의 초석을 마련했다.

언론인이었던 크리스토퍼 숄스Christopher Sholes는 인쇄업자 사무엘 소울Samuel Soule과 함께 신문이나 티켓 등에 일련번호를 매기는 기계를 개발했다. 아마추어 발명가였던 카를로스 글리든Carlos Glidden은 이 기계를 글자까지 쓸 수 있게 발전시켜 보자는 아이디어를 제안했고 오랜 연구 끝에 현재 우리가 쓰고 있는 쿼티Qwerty자판을 탑재한 타자기를 출시하게 되었다.

대체 왜 쿼티일까?

숄스가 쿼티자판을 완성하기까지 여러 번의 수정 작업을 거친 것은 분명해 보인다. 1866년에 번호 매기는 기계를 개발해 1873년 최초로 쿼티자판을 탑재한 상업용 타자기가 나오기까지 약 7년이라는 시간이 걸렸기 때문이다.

논쟁은 지금부터 시작된다. 그는 왜 7년 간의 긴 여정 끝에 쿼티라는 종착역에 도착했을까? 쿼티는 과연 깊은 연구 끝에 탄생한 완벽한 자판인가? 여기엔 매우 그럴듯한 이야기들이 여럿 존재한다. 단, 이 이야기들의 문제점이 있다면 어느 것 하나 완벽한 근거를 가지고 있지 않다는 점인데, 이 때문에 아직도 쿼티자판이 탄생한 이야기는 역사가 아니라 전설의 영역으로 남아있다.

첫 번째로 그럴듯한 쿼티 탄생 신화는 활자의 엉킴을 막기 위해서라는 것이다. 아직까지의 타자기는 기술적으로 완벽하지 않아 인접한 키들을 동시에 누르거나 빠른 속도로 연타할 때 활자들 간의 엉킴이 자주 일어났다. 때문에 자주 쓰이는 키들을 서로 떨어뜨려 놓을 필요가 있었다. 때마침 투자자였던 제임스 덴스모어James Densmore의 형제 아모스 덴스모어Amos Densmore가 바이그램 프리퀀시Bigram Frequency 즉, 두 개의 철자가 연속적으로 조합되는 빈도를 연구했고 그것이 쿼티 배열을 만드는 데 도움을 주었다는 이야기가 전해진다.

그러나 당시에는 활자 엉킴을 일으킬 만큼 빠른 속도로 타자기를 칠 수 있는 사람이 없었다는 주장과 함께, 영어에서 가장

1873년 최초의 쿼티자판을 탑재한 타자기가 나왔다.

많은 등장하는 바이그램이 'ty', 네 번째가 'er', 다섯 번째가 're' 라는 점에서 현재에는 그 신빙성에 많은 의문점이 제기되고 있는 상태이다.

오히려 자주 쓰는 단어들을 왼쪽 윗줄로 몰아넣었다는 것이 두 번째 탄생 신화가 되겠다. 현재의 컴퓨터 키보드와는 다르게 타자기는 금속으로 만들어진 활자를 손가락으로 꾹 눌러 들어올려야 했고 여기엔 나름의 물리적 힘이 필요했다. 그런데 자주 쓰이는 단어들을 왼손, 그것도 손이 닿기 힘든 가장 윗줄에 배치하면 키를 누르기가 어려워 질 것이고 빠른 연타가 불가능해서 활자 엉킴을 막아준다는 이야기이다.

세 번째는 전신회사의 요구 때문이었다는 것이다. 당시는 이미 모르스 부호를 전송하는 단계를 넘어서 알파벳이 할당된 자판을 치면 자동으로 모르스 부호로 변환되어 전송되는 인쇄전신 Printing Telegraph 기술이 발달해 있었다. 당시 인쇄전신기의 모양은 너무나 당연하게도 피아노와 똑 닮아 있었는데 피아노 건반 위에 알파벳이 순서대로 적혀있는 모습을 상상하면 그게 바로 인쇄전신기이다.

솔스가 처음 만들었던 타자기도 이 인쇄전신기의 모습과 크게 다를 바가 없었다. 솔스는 자신의 타자기를 전신학교에 판매하는데 성공했는데 얼마 뒤 학교로부터 숫자키도 만들어 달라는 요청을 받게 된다. 이때부터 솔스는 피아노 건반 형태를 버리고 4열로 이루어진 버튼식 자판을 채택하기 시작했다. 맨 윗줄에는 1을 제외한 숫자를 넣고(알파벳 I와 숫자 1은 모양이 똑같아 키를 공유하면 되기에) 두 번째 줄에는 A, E, I, O, U, Y, 쉼표, 마침표를, 세 번째 네 번째 줄에는 나머지 알파벳을 순서대로 배치했다.

솔스는 이렇게 개량된 타자기를 가지고 토마스 에디슨이 설립한 아메리칸 텔레그래프를 찾아갔다. 에디슨은 솔스의 타자기를 보고 여러 가지 개선점에 대한 이야기를 해주었고 자판 배열을 고쳐오면 타자기를 사주겠다는 약속을 했다고 전해진다. 이 세 번째 쿼티 탄생 신화를 연구한 논문인 〈쿼티의 초기단계에 대하여On the Prehistory of QWERTY-Yasuoka Koichi, Yasuoka Motoko〉에 따르면 솔스의 쿼티자판은 일반적인 서류 작성을 위해서가 아닌

전보를 빠르게 받아 적기 쉬운 배열로 바뀌었다고 주장한다.

미국의 모스부호는 사람을 혼란스럽게 하는 몇 가지 것들을 가지고 있었다. 대표적인 것이 바로 Z(· · · ·)이다. Z는 S(· · ·)와 E(·)의 다이그램인 SE(· · · ·)와 헷갈릴 수밖에 없었는데, 때로는 다음 문장이 도착하고 나서야 문맥상 Z인지 SE인지 겨우 구분이 가능할 때도 있었다. 따라서 모스부호를 빠르게 받아 적어야 하는 전신기사들 입장에서는 Z, S, E가 가까이 있는 것이 유리했을 것이고 때문에 자판의 배열이 지금과 같이 바뀌었다는 것이다.

똑같은 예로 C(· · · ·)와 IE(· · · ·)의 다이그램이 있다. 하지만 I가 C랑 E와 같이 붙어있지 않는 이유는 당시의 시대상 때문이라고 한다. 숫자 8밑에 I가 위치해서 1870이나 1871같은 년도를 빨리 치기 위함이라는 게 논문의 주장이다. 실제로 그로부터 2년 뒤인 1872년 〈사이언티픽 아메리칸〉지 표지에 실린 숄스의 타자기 그림을 보면 R을 대신해 마침표가 자리한 것만 빼면 현재의 쿼티와 거의 비슷한 자판 배열을 확인할 수 있다. 여러분은 어느 전설이 더 신빙성 있어 보이는가.

세계최초로 타자기로 작성한 소설은?

총기 제작회사로 유명한 레밍턴 사E. Remington & Sons가 숄스의
특허를 사들여 타자기를 만들기 시작한건 결코 놀랄 일이 아니
다. 꿀을 빨던 남북전쟁은 왜 이리도 빨리 끝나버리고 만 것인지
이제는 생존을 위한 몸부림을 해야만 했는데 철을 다루던 실력
을 발휘해서 재봉틀 같은 것들을 만들어 팔았지만 영 신통치 않
았다. 때마침 자신의 타자기에 기계적 완벽함을 더하고 싶었던
숄스가 레밍턴 사를 찾아 온 것이 1873년. 이들은 상의 끝에 타
자기의 이름을 '숄스 & 글리든 타이프라이터Sholes & Glidden Type-
Writer'로 정했는데 이때부터 타자기를 의미하는 단어로써 '타이
프라이터'가 사용되기 시작했다.

같은 해, 배열을 좀 더 다듬어 진정한 쿼티자판을 완성시킨 통
칭 '레밍턴 1호'라고 불리는 세계최초 상업적 쿼티 타자기가 7년
만의 산고 끝에 세상에 나올 수 있었다. 이 자판기는 시내 곳곳
에 있는 레밍턴 사 상점의 쇼윈도에 전시되어 있었는데, 당시로
썬 고가였던 125달러짜리 물건을 사가지고 간 어느 소설가가 있
었다. 그는 점원이 1분에 56타라는 경이로운 속도로 타자기를
시연하는 모습에 매료되었고 무턱대고 타자기를 사버렸다.

이 소설가가 타자기를 이용해 형에게 보낸 편지가 아직 남아

있는데 "이 기계는 몇 가지 장점을 가지고 있는데 손으로 쓰는 것보다 더 빨라. 의자에 등을 기대어서 작업을 할 수도 있지… 잉크가 흩뿌려지는 일도 없을 거고 당연히 종이도 아낄 수 있겠지"라며 타자기의 장점을 칭찬하는 모습(125달러짜리 충동쇼핑을 합리화 하는 모습)을 엿볼 수 있다. 한메타자 연습도 없던 시절 어떻게 타자 연습을 했는지 알 수는 없지만, 그는 결국 이 타자기를 이용해 소설을 쓰는데 성공했고 그 소설의 이름은 〈톰 소여의 모험〉이었다.

마크 트웨인은 자신이 타자기를 이용해 소설을 쓴 최초의 사람이라며 언제나 자랑스럽게 말을 하고 다녔는데 그의 기억에 왜곡이 있다는 주장도 있다. 그가 구입한 것은 좀 더 개량되어서 출시된 레밍턴 2호이며 〈톰 소여의 모험〉이 아니라 〈미시시피강의 추억〉을 집필했다는 것이다. 무엇이 진실이든 타자기를 이용해 소설을 작성한 최초의 인물이 마크 트웨인이라는 것은 확실한 것 같다.

쿼티는 느리다?

대한민국에선 공식적으로 평을 쓰는 게 금지되어 있다. 대신 미터법을 따라야 한다. 이게 2007년 시행된 법이니까 벌써 십여 년이 넘게 흘렀다. 하지만 대한민국 사람 그 누구도 친구에게 "너희 집은 몇 제곱미터냐?"라고 묻지 않는다. 제곱미터는 단지 관공서와 부동산 서류에서만 쓰이는 단위일 뿐이다. 평을 쓰지 못하자 '형'이라는 단어도 등장했다. 법망을 피하기 위해 '30평 아파트 매매'라는 말 대신 '30형 아파트 매매'라는 글귀가 써진 종이들이 부동산 창가에 붙어있다. 어찌됐든 평이라는 단어만 안 쓰면 되는 거니까.

위의 사례를 유식한 말로 '경로의존성Path Dependence'이라고 부른다. 시대나 환경이 바뀌었음에도 불구하고 오랫동안 써오고 익숙해진 것을 쉽게 바꾸지 못하는 관성을 일컫는 말인데, 한국에선 평의 예를 들어 설명을 쉽게 할 수 있지만 미국에선 항상 쿼티의 사례를 제일 먼저 꼽는다.

레밍턴 타자기가 히트를 치며 널리 보급되자 다른 타자기 회사들도 자판배열을 쿼티로 바꾸기 시작했다. 1936년 드보락 타자기의 도전장을 받기 전까지 쿼티는 그야말로 독점적 시장 지배자였다. 교육학 박사였던 어거스트 드보락August Dvorak은 쿼티가 글을 빠르게 쓸 수 없는 태생적 한계를 가졌다고 생각했다. 그래서 왼손엔 모음, 오른손엔 자음을 배치해서 좌우를 번갈아가며 치도록 고안한 드보락 타자기를 출시했다.

쿼티를 공개적으로 디스하며 등장한 타자기답게 드보락 타자기는 쿼티의 단점들을 여러 가지 보완했다. 빈도수가 가장 많은 A, O, E, U, I 등의 문자를 가운데줄에 위치시키고, 영어 특성상 '하이픈(-)'을 많이 사용한다는 것에 착안해 이것 역시 가운데줄로 배열했다. 쿼티에선 숫자키 0의 오른쪽에 위치해 키보드에서 가장 치기 어려운 곳에 위치했던 녀석이었다.

그런데 이 둘의 대결은 너무나 싱겁게도 쿼티의 압승으로 끝났다. 이미 쿼티에 익숙해진 사람들이 드보락자판을 배우려는 시도조차 하지 않았던 것이다. 당시 타자기를 다루던 사람들은 대다수가 여성들이었다. 이전까지 집에만 있던 여성들은 타이피스트라는 새로운 직업의 등장과 함께 사회에 진출하기 시작했는데, 이들 중 절대 다수는 오랜 시간 쿼티 타자기에 익숙해진 사람들이었고 굳이 고가의 타자기를 바꾸려는 행동을 하지 않았다.

지금처럼 개개인이 컴퓨터를 가질 환경이 아니었던 시절에 타자기의 고객들 대부분은 타이피스트들이었고 그녀들의 취향은 절대적이었다. 드보락자판은 힘 한번 못 써보고 쿼티에게 KO패를 당하고 말았다. 시장을 선점한다는 것이 얼마나 강력한 무기가 될 수 있는지 잘 알 수 있는 사례라 할 수 있겠다. 여담이지만 미 해군의 실험에 따르면 드보락 타자기가 쿼티를 압도할 만한 속도를 내는것도 아니었다고 한다.

천공카드를 입력장치로 쓰던 컴퓨터가 발전함에 따라 컴퓨터에도 키보드가 필요해졌고, 자연스레 쿼티가 표준방식으로 채택이 되었다. 그리고 현재 쿼티는 전 세계를 지배중이다. 하지만 자음과 모음을 나누어서 좌우를 번갈아 치는 한글자판에는 익숙해진 한국인들에게 왼손을 많이 써야 되는 쿼티자판이 이질감이 드는 건 사실이다. 물론 이건 내가 아직까지 영문을 독수리 타법으로 치고 있어서 하는 말이 아니다.

13

베트남 전쟁에서
사람을 살린 순간접착제

코닥이 남긴 가장 위대한 발명품은 필름일까?

카메라 필름으로 전 세계를 제패했던 코닥이 디지털시대를 준비하지 못하고 파산을 맞은 건 충격적인 사건이었다. 디지털 카메라에 밀린 필름 카메라는 이제 그 자취조차 찾아보기 힘들다. 지금은 회생절차를 밟아 코닥의 이름만은 남아있지만 다름 아닌 코닥이 예전의 영광을 다시 찾기란 매우 힘들어 보인다.

아이러니한 건 세계최초의 디지털 카메라를 코닥이 개발했다는 것이다. 미우주항공국 나사의 주문을 받아 우주에서도 사진을 찍을 수 있는 카메라를 개발한 것이 바로 최초의 디지털 카메라였는데, 필름 대신 이미지 센서를 사용해서 빛의 정보를 담았고 데이터는 카세트테이프에 자기로 저장되었다. 코닥은 세상을 뒤집어 버릴 신기술을 개발해 놓고도 디지털 카메라가 필름 카메라 시장을 잠식해 버릴 것이라는 우려 때문에 이 기술을 서랍 깊숙이 처박아 두고 말았다. 거대한 시대의 흐름을 애써 외면했던 코닥의 단면을 잘 볼 수 있는 모습이다.

하지만 코닥이 원래부터 무사안일주의에 빠져있던 회사가 아니었다. 창업자 조지 이스트만George Eastman은 코닥을 혁신의 아이콘으로 만든 인물이었다. 기존에 유리판을 사용하던 카메라가 너무 무거워서 휴대하기 어렵자, 이스트만은 가벼운 카메라를 만들기 위해 필름을 개발해냈다. 이 기술을 이용해 세계최초의 1회용 카메라를 만들어 낸 것 역시 코닥이었다.

당시 카메라는 전문가들만이 다룰 수 있는 기계라는 인식이 강했다. 하지만 이스트만은 여성모델을 기용한 코닥걸Kodak Girl이라는 마스코트를 만들고 '버튼만 누르면 나머지는 우리가 하겠습니다You press the button, We do the rest'라는 광고문구를 전면에 내세워 카메라의 대중화에 앞장섰다.

이스트만은 이에 그치지 않고 코닥연구소를 세워 과학자들에게 무엇이든 연구할 수 있는 환경을 만들어 주었다. 코닥연구소에서 취득한 특허만 수천 개에 달할 정도로 코닥은 당시 미국에서 과학기술을 선도해 나가는 기업이었다. 이러한 코닥의 기업 색깔은 조지 이스트만이 자살로 생을 마감하는 불운한 사건을 겪었음에도 불구하고 흔들림 없이 발전할 수 있는 원동력이 될 수 있었다. 무엇이든 순식간에 붙여 버린다고 이름 붙여진 순간 접착제 또한 이 시절 코닥연구소에서 탄생한 발명품이었다.

플라스틱 전쟁

제2차 세계대전을 수식하는 말들에는 여러 가지 있다. 그런데 화학자들의 입장에서 봤을때 제2차 세계대전은 플라스틱 세계 대전이라고 해도 무방할 정도로 수많은 신소재들이 개발된 시기 였다.

일본이 주요 고무산지였던 동남아 일대를 장악해 버리자 미 국은 타이어 생산에 필요한 고무를 구할 수가 없게 되었는데, 그 결과로 합성고무를 사용한 타이어가 발명되었다. 독일의 폭격 기에 속수무책으로 시달리던 영국은 레이더를 개발해서 폭격기 를 떨 굴 수 있었는데 이 역시 플라스틱 절연체 덕분이었다. 제 2차 세계대전을 종결시킨 핵폭탄 또한 플라스틱의 도움을 받았 다. 프라이팬 코팅제로 쓰이는 테프론이 부식을 막아 준 덕분이었다.

이러한 시대의 흐름 속에서 코닥연구소 역시도 플라스틱을 이용한 신소재 개발에 한창이었다. 연구원이었던 해리 쿠버 Harry Coover는 총의 조준경에 쓸 플라스틱 물질을

제2차 세계대전 중에 해리 쿠버는 총의 조준경에 쓸 플라스틱 물질을 찾았다.

찾는 중이었다. 적을 잘 볼 수 있게 투명해야 하는 것은 물론이고 충격에도 깨지지 않는 강성을 가져야만 했기 때문에 쉽지만은 않은 작업이었다.

여러 가지 후보군들 중에서 시아노아크릴레이트Cyanoacrylate라는 신소재도 있었다. 시아노아크릴레이트는 일단 투명하다는 점에선 합격점을 받았다. 하지만 조준경으로 쓰기엔 매우 치명적인 약점을 가지고 있었는데 바로 무엇이든 붙여버리는 강한 접착력 때문이었다. 아주 작은 티끌 하나라도 묻으면 안 되는 조준경에 이처럼 접착력이 강한 물질을 쓴다는 것은 있을 수 없는 일이었다.

몇 년 뒤, 해리 쿠버가 시아노아크릴레이트를 다시 찾았을 때에는 항공용 캐노피를 만들던 중이었다. 캐노피란 비행기 조종

석을 감싸주는 투명한 뚜껑을 말하는 것인데, 조준경을 만들 때
와 마찬가지로 매우 깨끗하면서도 강성이 강한 물질이 필요했
다. 이때 마침 쿠버의 머릿속에 몇 년 전 서랍 속에 처박아 둔 시
아노아크릴레이트가 휙 하니 떠오른 것이다.

허나 애석하게도 이번 역시도 특유의 접착력 때문에 시아노아
크릴레이트를 쓸 수가 없었다. 하지만 이번엔 조금 달랐다. 쿠버
가 시아노아크릴레이트의 상품성을 알아본 것이었다. 쿠버는 시
아노아크릴레이트를 이용해 접착제를 만들면 대박이 날 것이라
확신했다. 대체 왜 전에는 그런 생각을 못 했을까?

애물단지 플라스틱에서
사람의 생명을 살리는 기적의 물질로

시아노아크릴레이트가 엄청난 접착력을 가지고 있는 데에는
다 이유가 있었다. 물과 만나면 고분자로 변해버리는 특성 때문
이었다. 공기 중 아주 미량의 수분과도 반응을 할 정도로 반응성
이 좋았던 데다가 액체였기 때문에 작은 흠에도 잘 스며들어 접
착력은 극대화 되었다.

해리 쿠버는 이 기적의 물질에 회사 이름을 따 '이스트만 910

Eastman 910'이라는 이
름을 붙여 판매하기
시작했다. 그는 티비
쇼에도 직접 출연해서
접착제로 붙인 실린
더에 매달리는 시범을

무엇이든 붙여버리는 기적의 물질인 '이스트만 910'을
사람들은 슈퍼글루라고 주로 불렀다.

보이는가 하면 자동차도 들어올리는 모습을 연출하기도 했다.
'이스트만 910'은 무엇이든 붙여버리는 기적의 물질로 각광받기
시작했는데, 사람들은 '이스트만 910'보다는 슈퍼글루라고 부르
는 걸 좋아했다.

그런데 이 슈퍼글루가 진면목을 발휘한 곳은 가정이나 공장
이 아니라 전쟁터였다. 당시 베트남전에 참전했던 미군들이 목
숨을 잃는 가장 큰 이유는 다름이 아닌 과다출혈이었다. 깊숙한
정글 속에서 부상을 당한 군인들이 제대로 된 치료를 받기 위해
선 굉장히 오랜 시간이 걸릴 수밖에 없었는데, 별 것 아닌 부상
에도 제대로 된 지혈을 하지 못해 죽어가는 병사들이 많았다.

쿠버는 사람의 피부조직도 빠르게 붙여버리는 순간접착제의
특성을 활용하면 지혈 또한 가능하리라 생각했다. 그리고 특별히
훈련된 의사들을 통해 실험을 한 결과 매우 효과적이라는 결론
도 도출할 수 있었다.

스프레이로 제작된 순간접착제는 병사들이 병원으로 후송되는 동안에 출혈을 막으며 많은 목숨을 구할 수 있었다.

쿠버는 순간접착제를 전쟁터에서 사용할 수 있게 스프레이 형태로 제작했다. 이 스프레이의 효과는 매우 강력해서 병사들이 병원으로 후송되는 동안에도 별다른 출혈없이 많은 목숨을 구할 수 있었다. 쿠버는 자신이 많은 목숨을 살린 것에 대해 늘 자랑스러워 했다. 훗날, 미국 발명가 명예의 전당에 올라 인터뷰를 할 때도 베트남 전쟁을 언급하며 감회에 젖는 모습을 볼 수 있었다.

그런데 사실 쿠버와 코닥사는 베트남 전쟁이 있기 전부터 이미 순간접착제를 의료용으로 쓸 수 있도록 해달라고 FDA에 신청을 해놓은 상태였다. 그렇지만 의료용으로 승인을 받지 못한 채로 베트남 전쟁에서 쓰게 되었던 것이다. FDA는 순간접착제가 베트남전에서 혁혁한 공로를 세운 뒤에도 의료용으로 허가하길 거부했다.

FDA의 거부는 정당한 것이었다. 시아노아크릴레이트는 분해되면서 1급 발암물질인 포름알데히드를 생성했기 때문이다. 당장 생사의 갈림길에 서 있는 전쟁터의 군인들에겐 훗날에 걸릴지도 모르는 암보다야 지금 당장의 지혈이 중요했지만 일반인에게는 전혀 해당사항이 없는 이야기였기 때문이다.

하지만 시간이 지나면서 독성이 없는 옥틸계 시아노아크릴레이트가 개발되면서 FDA도 드디어 순간접착제를 의료용으로 승인을 해주기에 이르렀다. 무려 30년이 훌쩍 지난 1998년이 되어서야 해리 쿠버의 소원이 이루어지게 된 셈이다. 현재는 일선 병원에서도 이 순간접착제를 매우 다양한 용도로 활용하고 있는데 꿰맨 흔적을 남기지 않고 상처를 봉합할 수 있어서 얼굴 등의 상처 치료에 효과적이다. 그렇다고해서 집에서 흔히 쓰는 순간접착제를 상처에 발라서는 절대 안 된다. 여전히 가정용 접착제에는 독성이 있는 시아노아크릴레이트를 사용하기 때문이다. 하지만 정말 응급을 요하는 경우라면 한 번쯤 시도해볼 만하다.

14

남자들이 드디어 면도하다가
죽지 않게 되었다

수염이 덥수룩한 모세와 털 하나 없이 깨끗한 람세스

왜 남자들만 수염이 자라는지에 대한 이유는 아직 확인되지 않았다. 물론 의학적 관점에서 남성호르몬의 작용으로 수염이 자란다고 설명할 수는 있지만, 대체 왜 남자만 수염이 나도록 진화가 되었는지에 대한 의문은 아직 풀리지 않은 수수께끼이다. 남성호르몬이 유달리 강해서 수염이 덥수룩한 남성들이 경쟁자를 물리치고 여성을 차지했을 수도 있고, 반대로 수염이 있는 남성을 여성이 선택했을 수도 있다.

하지만 수염이란 게 시대와 문화에 따라 호와 불호가 심하게

갈리는 존재라는 것만은 확실하다. 수염은 남성미를 상징하기도 했지만 불결함을 상징하기도 했다. 덥수룩한 수염은 이와 빈대 같은 벌레가 서식하기 딱 알맞은 장소였기 때문에 남자들은 선사시대 때부터 무딘 조개껍데기를 이용해 어떻게든 수염을 잘라 내려고 애썼다.

고대 이집트인들은 수염은 물론이고 머리털과 겨드랑이 털 등 온몸의 털이란 털은 불결한 것이라 여겨 전부 깎아버렸고, 중요한 의식이 있을 때에만 가발과 가짜수염을 달았다. 하지만 그들에게 지배 당하고 있던 유대민족은 달랐다. 당시를 다룬 영화들을 보면 이를 잘 확인할 수 있는데, 민머리에 반들반들 깨끗하게 수염을 깎은 파라오 람세스와 수염과 머리를 덥수룩하게 기른 유대민족의 선지자 모세의 모습이 매우 극명한 대비를 이룬다.

유대인들이 수염을 기르는 풍습은 그들의 율법서에서도 확인할 수 있다. 유대인들의 종교의식과 일상생활 속에서 지켜야할 것들을 적어놓은《레위기》에는 구레나룻과 수염 끝을 깎지 말라고 분명하게 적시되어 있다. 대체 왜 수염을 깎지 말라고 했는지 정확한 이유는 알 수 없지만 수염을 깎는 다른 이민족과의 확실한 구분을 위해서라는 주장도 제기되어 있는 상태다.

그리스빠 네로가 수염을 기른 이유는 따로 있다?

로마인들의 그리스 사랑은 대단한 것으로 유명하다. 비록 군사적 우위로 대제국을 건설한 로마였지만 이 신생제국의 문화적 스승 역할은 그리스가 담당했다. 로마인들은 그리스어를 배우고 자식들을 그리스로 유학 보내는 등 그리스 문화를 배우기 위해 무척이나 애를 썼다.

그리스의 신들을 그대로 가져다가 이름만 바꾸어서 자신들의 신으로 모시기도 했는데, 오죽했으면 로마의 시인 호라티우스 Horatius가 "정복된 그리스가 자신의 정복자를 정복했다."라는 말까지 했을까. 역대 로마의 황제들도 그리스에 우호적인 것은 마찬가지였다. 특히나 네로는 '그리스빠'라고 불러도 될 정도로 그리스라면 사족을 못 쓰는 황제였다.

네로는 잔인한 검투경기에 빠진 로마시민들의 관심을 다른 곳으로 돌리고자 그리스 올림픽의 로마버전인 '루디 퀸퀘날리 Ludi Quinquenali'를 개최했다. 황제 스스로가 그리스의 시와 음악을 부르면서 로마가 그리스와 같은 문화가 융성한 도시가 되기를 원했다. 그 유명한 로마 대화재가 발생하자 네로는 아예 로마 곳곳을 그리스적 건축물로 재건하기도 했다.

네로는 자신의 그리스 사랑이 아직 부족했다고 느꼈던지 대규모 순회단을 꾸려 무려 2년간이나 그리스 각지를 도는 연주 여행을 떠나기도 했다. 여행 도중 그리스인만이 참가할 수 있는 올림픽의 규정을 깨고 전차경기에 직접 참가하는 파격도 선보였다. 비록 경기 도중 낙마를 해서 결승지점을 통과하지는 못했지만 우승 트로피는 당연히 황제 네로의 것이었다. 이렇게 온갖 체육대회와 문화축제에 참가해서 매우 공정하게 따낸 우승 타이틀만 1,809개에 이르렀는데, 네로는 이에 화답이라도 하듯이 그리스를 마케도니아 총독으로부터 해방까지 시켜주었다.

네로는 그리스인이 하는 행동이라면 무엇이든 따라했고 그리스인들의 수염까지 사랑했다.

네로는 그리스인이 하는 행동이라면 무엇이든 따라했고 그리스인들의 수염까지 사랑하는 지경까지 이르렀다. 그리스 철학자들의 덥수룩한 수염을 본보기 삼아 자신도 턱수염을 기르기 시작한 것이다.

당시 그리스에서는 풍만하고 아름답게 기른 턱수염이 사회적 지위를 나타냈다.

턱수염을 깨끗하게 관리하는데에는 시간과 비용이 많이 들어갔고 일반인들에겐 허락되지 않는 사치였다. 아고라에서 방귀

좀 꾸고 다닌다는 철학자들은 탐스러운 수염을 어루만지며 자신의 권위를 사람들에게 드러내곤 했다.

그런데 네로의 그리스 사랑을 너그러이 봐주던 로마인들도 황제가 수염을 기른다는 사실만은 끔찍이 싫어했다. 로마인들은 수염을 기르지 않았는데 수염을 기른다는 건 수염을 깎아줄 시종이나 이발사를 고용할 여력이 없다는 것과 마찬가지였기 때문이었다. 그리스와는 정반대의 논리가 작동하고 있던 로마였다.

그도 그럴 것이 면도란 혼자서는 꿈도 못 꾸는 고난도 작업이었다. 지금과 같은 질 좋은 강철을 만들어 내지 못하던 시절의 면도날은 금방 녹슬어버리거나 이가 나가버렸다. 아직까지 청동을 갈아서 거울로 쓰고 있던 시대에 녹슨 면도날로 자기 얼굴을 제대로 보지도 못한 채로 면도를 한다는 건 불가능에 가까운 일이었다. 때문에 면도는 항상 누군가가 해주어야 하는 사치스러운 행위였고 수염은 로마 시민과 노예를 구분해 주는 신분증 역할도 겸했다.

수염 없는 매끈한 얼굴에 대한 집착은 다른 곳의 털을 제거하는 풍습으로도 이어졌다. 한번 삐끗하면 영원히 되살릴 수 없는 중요부위의 털을 시원찮은 면도날로 깎을 수는 없는 노릇이라 털을 하나씩 뽑아내는 고통도 감내하곤 했다. 그래서 로마의 공중목욕탕엔 매일같이 중요 부위의 털을 뽑는 비명소리로 가득했다. 이 때문에 네로가 그리스의 풍습을 따라 턱수염을 길렀던 게 아니라 단지 면도가 귀찮아서 턱수염을 길렀다고 보는 견해도 있다.

영국에서 외과의사를 닥터가 아닌
미스터라고 부르는 이유

이처럼 로마시대부터 성행해 남자들의 수염과 머리를 깎아주던 이발소는 시간이 지나면서 종기제거나 발치 등의 외과적 의료 행위도 겸했다. 면도를 하는 동안 상처가 한 두 개쯤 나는 일은 다반사였기 때문에 대대로 내려오는 여러 가지 상처 치료법이 발달했던 이유도 있었고, 그 동네에서 가장 날카로운 칼을 가진 숙련된 칼잡이가 이발사이기도 했기 때문에 어쩌면 자연스러운 일이었을지도 모른다.

그렇다고 외과의사가 따로 없었던 것도 아니었다. 하지만 중세 유럽에서 외과의사의 처우는 내과의사에 비해 형편없었다. 내과의사는 정식으로 대학에서 교육과정을 거쳐 면허를 따야지만 의료행위가 가능했는데 병에 맞는 약초를 환자에게 달여 주는 것이 주된 업무였다.

이에 비해 마취를 할 수 없었던 당시 상황에서 외과적 수술이란 지금과 많이 달랐다. 겉에 난 상처를 치료하거나 부러진 뼈를 맞추는 정도가 외과의사가 하는 일이었는데 정작 주된 업무는 따로 있었다. 바로 피를 빼는 사혈瀉血, Blood Letting이었다.

당시 사람들은 몸속의 나쁜 피를 빼내면 몸이 좋아진다는 믿음을 가지고 있었고 사혈 받는 것을 즐겼는데 이것을 바로 외과의가 담당했던 것이다. 외과 또한 대학에서 정식과목이 개설되어 있던 시기도 있었다. 하지만 피를 보는 것이 천한 일이라 여겨져 점점 멸시를 받더니 급기야 전공이 폐지되는 치욕적인 사건마저 겪어야만 했다. 영국 문화권에선 내과의사를

이발사들은 수술이나 사혈 중 나온 피 묻은 붕대를 이발소 밖에 걸어두고 수술 중임을 표시하기도 했다.

닥터라고 부르고 외과의사를 미스터라고 부르는 풍습이 있는데 외과의사를 내과의사보다 한끗발 낮잡아 보던 잔재가 아직도 남아있는 것이다.

이 때문에 외과의사들은 점점 발붙일 곳이 없어졌고 대신 이발사들이 외과의 역할도 겸하기 시작했다. 외과의사들에게는 이발과 면도의 기술이 없었지만 이발사들은 외과치료도 할 수 있

었기 때문에 어느 직종이 살아남았을 수 있었는지는 자명하다. 당시 이발사들은 수술이나 사혈 중 나온 피 묻은 붕대를 이발소 밖에 걸어두고 수술 중임을 표시하기도 했는데 이것이 현재 이발소를 표시하는 삼색등의 기원이 되었다는 설도 전해진다.

드디어 남자들이 면도를 하다가
자살하지 않을 수 있게 되었다

시간이 흘러 18세기가 되도록 남자들은 아직도 수염을 깎기 위해 이발소를 다니고 있었다. 이발소를 다니는 일은 여간 성가시고 돈이 많이 드는 일이 아니었다. 하지만 며칠만 놔둬도 밀림을 방불케 할 만큼 수염들이 덥수룩하게 자랐기 때문에 울며 겨자 먹기로 이발소를 찾아야만 했다.

이런 남자들의 고민을 해결해 준 은인은 1762년 프랑스의 장 자크 페레Jean Jacques Perret였다. 수술용 칼을 만들던 그의 아이디어는 매우 간단했지만 기발했다. 기존 면도날에 나무 판떼기를 덧대어 칼날이 조금만 튀어나오도록 해 스스로 면도를 해도 비교적 안전을 보장받는 최초의 안전면도기를 개발한 것이다.

물론 이 면도기가 면도 중 발생하는 상처를 획기적으로 줄여

주었다고는 할 수 없다. 그렇지만 적어도 혼자 면도하다가 재채기 때문에 목을 깊숙이 그어 자살하는 역대급 멍청이 명단에는 이름을 올리지 않게 해주었다는 것만으로도 충분한 가치가 있는 발명이었다.

페레가 남자들의 자살률 감소에 기여한지 100여년이 지난 1880년, 면도기에는 또 한 번의 혁신이 찾아왔다. 수천 년간 일자 모양을 유지하고 있었던 면도기의 모양이 T자 모양으로 바뀐 것이다. 밭을 가는 괭이를 닮았다고 해서 괭이형 면도기라고 불리는 이 면도기를 개발해 낸 것은 독일인 캄페Kampfe 형제였다.

미국 땅에 사는 이민자 출신이었던 캄페 형제는 '안전면도기의 새롭고 유용한 개선사항New and Useful Improvements in Safety-Razors'이라는 특허를 출원하면서 처음으로 안전면도기라는 단어를 쓰기 시작했다. 캄페 형제는 자신들의 면도기에 스타Star 브랜드를 달아 판매하기 시작했는데 이들의 스타 면도기는 여러 사람들에게 영감을 주었고 그 후로 안전면도기에 대한 다양한 특허들이 쏟아지기 시작했다.

1880년 수천 년간 일자 모양을 유지하고 있었던 면도기의 모양이 T자 모양으로 바뀌었다.

스타 면도기를 모방한 여러 유사제품들이 시장에 나왔지만 사람들은 여전히 스타 면도기에 신뢰를 보냈고 많은 마니아들을 탄생시켰다. 미국의 대법원장이자 역사상 가장 존경받는 법학자 중 한 사람이었던 올리버 홈즈 주니어Oliver Wendell Holmes Jr.도 스타 면도기의 열렬 지지자중 하나였다. 그는 유럽 여행을 떠나면서 누군가로부터 스타 면도기를 선물 받았는데, 잡지에 쓴 기행문을 보면 여행 내내 스스로 면도하는 즐거움에 푹 빠졌다며 스타 면도기에 대한 용비어천가를 쓰기도 했다.

킹 질레트King C. Gillette도 스타 면도기의 열렬한 매니아 중 한 사람이었다. 하지만 그는 비싸게 주고 산 면도기의 날이 쉽게 무뎌지는 것에 항상 불만을 가지고 있었다. 어떻게 하면 스타 면도기의 단점을 보완할 수 있을까 고민하던 질레트는 그가 다니던 회사에서 아이디어를 얻을 수 있었다.

그는 '크라운 코크 앤 실Crown Cork & Seal Company'이라는 회사에 다니고 있었는데 현재 우리가 쓰는 크라운 캡Crown Cap은 몇 번이나 재활용하던 물건이었다. 하지만 크라운 사는 이러한 고정관념을 깨부셨다. 병뚜껑이란 한 번 쓰고 버리는 것이라는 인식을 사람들에게 심어 엄청난 성공을 거둘수 있었던 것이다.

질레트는 병뚜껑을 벤치마킹했다. 면도날도 일회용으로 쓰고 버릴수 있도록 싸게 만들면 어떨까라는 아이디어를 생각해 낸 것이다. 이것은 곧 기술개발로 이어져 양쪽날을 전부 쓸 수 있는 1회용 안전면도기를 발명해냈다.

물론 질레트의 1회용 면도날이 과연 싼 물건인가에 대한 의문은 당시나 지금이나 남성들이 똑같이 제기하는 의문점이다. 그간 면도날은 3중날이니 5중날이니 하는 카트리지 방식으로 바뀌었고 새제품이 나올 때마다 자꾸만 가격이 올라가는 것 같은 기분이 드는 것도 어쩔 수는 없지만 그저 오늘도 무사히 피를 보지 안고 면도를 할 수 있는 것에 감사할 뿐이다.

15

빛을 찍으면 발생하는 일

말의 다리를 찍기 위해 시작된 빨리 찍기 경쟁

19세기 미국과 유럽에선 동물과 관련된 모든 것이 유행 중이었다. 개를 교잡시켜 새로운 품종을 만들어 내기도 하고, 비둘기를 자신이 원하는 모양으로 길러내기도 하는 등 무엇인가 새로운 오락거리를 동물들에게서 찾고 있었는데 경마 또한 그 중 하나였다.

경마더비가 열리는 날이면 사람들이 구름떼처럼 몰려들었는데 경마가 사람들에게 인기를 끌자 화가들도 경마장 풍경이라든지 말이 달리는 모습을 자주 화폭에 담아냈다. 하지만 말을 그리

달리는 말을 최대한 정확히 묘사하기
위해 노력했지만 번개처럼 달리는 말
의 다리를 포착할 수가 없었다.

는 화가들 사이에선 말 못할 고민이 하나 있었다. 그건 바로 말
의 다리였다.

화가들은 달리는 말을 최대한 정확히 묘사하기 위해 노력했
지만 번개처럼 달리는 말의 다리를 도무지 정확히 포착할 수가
없었다. 때문에 화가들 각자가 자신이 생각하는 나름의 방법대
로 달리는 말의 다리를 표현했다. 그 중에서도 다리가 앞뒤로 쭉
뻗어 공중에 떠서 날아가는 듯한 모습을 화가들은 선호했다. 이
방법이 달리는 말을 가장 역동적으로 표현할 수 있었기 때문이
었다.

철도회사를 운영하는 사업가이자, 캘리포니아 주지사를 지낸
정치가이기도 했으며, 스탠포드 대학을 설립한 릴랜드 스탠포드
Leland Stanford 의 또 다른 직함 하나는 말 농장주였다. 경마광이었
던 그는 직접 경마용 말을 기르고 싶은 욕심에 농장까지 차린 터

였는데 그도 늘 달리는 말의 다리를 궁금해 했다. 스탠포드는 말
이 달리는 도중에도 절대 다리가 땅에서 떨어지지 않을 것이라
는 신념을 가지고 있었는데 그와 반대의 생각을 가지고 있는 친
구들과 잦은 논쟁을 벌이기도 했다.

결국 그들은 사진을 찍어 누구의 말이 맞는지 내기를 하기로
하고 사진작가 에드워드 마이브리지Eadweard Muybridge에게 이 승
부의 마침표를 찍어달라고 부탁했다. 마이브리지는 미국 서부의
대자연을 담은 사진으로 유명세를 모으고 있었는데, 그중에서도
떨어지는 요세미티 폭포수를 찍은 사진이 특히나 인기를 모았
다. 달리는 말을 찍기 위해선 이만한 적임자가 없었던 것이다.

마이브리지는 불가능해 보이는 이 의뢰를 받고 깊은 고민에
빠졌다. 그도 그럴 것이 1872년 당시의 기술로는 빠르게 움직이
는 물체를 정확한 초점으로 찍는다는 게 불가능에 가까웠고 마
이브리지는 누구보다 이것을 잘 알고 있었다. 하지만 스탠포드
가 집요하게 설득작업에 들어가자 머리를 짜내 결국 한 가지 방
법을 생각해냈다.

말이 달리는 트랙 옆에 사진기를 여러 대 늘어놓고 줄에다가
셔터를 연결한 뒤 말이 달리면서 줄을 건드리고 지나가면 차례
대로 셔터가 터질 테니 한번 시도해보자는 아이디어였다. 언뜻
그럴싸해 보이는 그의 아이디에 스탠포드는 무릎을 쳤고 서둘러

12대의 카메라를 사용해 계획을 실행에 옮겼다. 그런데 말의 형상을 찍긴 했으나 셔터속도가 너무 느려서 말의 움직임을 제대로 담아 낼 수 가 없었다.

미국에서 둘째가라면 서러울 부자였던 스탠포드는 마이브리지에게 연구비를 지원해 줄 테니 말의 다리를 정확히 찍어달라고 요청했는데, 마이브리지 역시 연속된 움직임을 촬영하는 모션픽쳐에 매우 흥미를 느끼고 연구에 매진했다. 그 결과로 5년 뒤인 1878년 마이브리지는 여러 대의 카메라를 정확하게 2/1000초까지 순차적으로 찍을 수 있는 전자식 셔터를 개발하는데 성공했다. 이 두 명의 열정적인 파트너는 스탠포드가 소유한 팔로알토 농장에서 역사적인 실험을 벌였는데 결과는 대성공이었다.

너무나 또렷하게 찍힌 12장의 말들은 제각각 다른 다리모양을 보여주고 있었다. 안타깝게도 5년 전에 시작된 이 내기는 연구비까지 대가며 공을 들였던 스탠포드의 완패로 끝나고 말았다. 말의 네 다리가 전부 공중에 떠 있는 것이 명확하게 사진기에 담긴 것이다. 이 내기로 스탠포드가 25,000달러를 잃었다는 소문이 있지만 확실하지는 않다. 한 가지 확실한 건 이들이 연속적으로 찍은 사진이 바로 영화였다는 사실이다.

마이브리지는 연속적으로 찍은 말의 사진을 빠르게 돌려보

면 말의 움직임이 재현된다
는 것을 알고 있었다. 이전부
터 연속적인 그림이 그려진 원
통을 빠르게 돌리면 마치 만
화처럼 그림이 움직이는 물
건이 존재했는데 그는 이것
에 영감을 얻어 '주프락시스코
프Zoopraxiscope'라는 것을 만들

말의 움직임을 확인하기 위해 원형 유리판에
그림을 덧그려서 확인했다.

었다. 필름을 그대로 이용해 움직임을 재현하는 기술까지는 도
달하지 못했고 왜곡보정을 위해 원형 유리판에 그림을 덧그려야
했지만 이것을 영사기의 시초라고 보는 사람도 있다. 물체의 움
직임을 빠르게 포착하려는 인간의 열정이 영화를 탄생시킨 것인
데 이 열정은 훗날 상상도 못 할 물건을 만들어내게 된다.

말의 다리에서 총알로, 그리고 빛으로

사진기술은 시간이 흐르는 것보다 더 빠르게 발전했다. MIT
의 전기공학 교수였던 해롤드 에저튼Harold Edgerton은 사진에도
관심이 많았는데 1초에 90번의 날갯짓을 하는 벌새의 날개를 포

착하기도 하고 우유방울이 떨어지는 순간에 만들어지는 왕관 모양을 사진으로 남기는 등 찰나를 포착하기 좋아했다.

그는 여기에 만족하지 않고 점점 더 빠른 것을 찍기를 원했고, 1964년에는 사과를 꿰뚫고 지나가는 총알의 모습이 선명히 담긴 사진을 공개하며 세상을 열광시켰다. 이것은 백만분의 1초를 포착해야만 가능한 것이었는데 마이브리지가 말의 다리를 찍었던 속도에 비하면 무려 2,000배나 빠른 것이었다.

이렇게나 찰나에 집착했던 에저튼의 열망은 후배들에게도 이어졌다. 2011년 그의 MIT 후배들이 1조분의 1초를 찍을 수 있는 펨토Femto 카메라를 만들어 내는데 성공한 것이다. 펨토는 ,1000조분의 1을 나타내는 단위로써 펨토의 세상에선 빛마저 느리게 움직인다. 1펨토초 동안에 빛이 갈 수 있는 거리는 고작 0.3마이크로미터 즉, 0.003mm 밖에 움직이지 못한다. 그러니까 MIT 연구진들이 만들어 낸 카메라를 사용하면 한 번에 3mm씩 움직이는 빛의 모습을 찍을 수 있다는 소리이다.

이들이 펨토 카메라를 개발한 이유도 빛을 찍기 위해서였다. 그들은 실제로 하나의 빛줄기가 페트병을 통과하는 모습을 연속적으로 찍어 대중에게 공개해 박수갈채를 받았다. 하지만 그들이 실제로 빛이 날아가는 사진을 연속적으로 찍은 건 아니었다. 그러기 위해선 카메라의 셔터가 빛보다 빨라야 할 테니까 말이다. 펨토 카메라가 단 1초만 연속 촬영을 해도 1조개의 이미지가 생긴다는 것도 참고로 알아두자.

이들은 빛이 지나가는 거리를 1mm 간격으로 가상으로 나누고 빛이 그 지점을 통과하는 순간만을 찍어서 이것들을 이어붙임으로써 연속적으로 촬영한 것 같은 효과를 얻었다. 연구진은 이 기술을 '펨토 포토그래피Femto Photography'라고 명명했는데, 이 기술은 인간에게 초능력을 선사해 줄 수 있는 매우 의미 있는 기술로 발전할 가능성이 있다.

투시 카메라가 가져올 미래의 모습은

그 초능력이란 바로 투시 능력이다. 빛은 직진을 하다가 물체를 만나면 부딪쳐서 반사되는 성질을 가지고 있는데 바로 이 반사되는 빛을 찍으면 투시 능력을 가지게 된다는 것이다. 당연히 무슨 소리인지 이해가 가지 않을 텐데 이 원리를 이해하기 위해서는 우선 거실 소파에 앉아있는 나를 떠올려야 한다.

여러분은 거실에 앉아 티비를 보고 있다. 집에는 고3짜리 수험생 동생이나 아들이 방에서 공부중인데 딴짓거리 하는 걸 방지하기 위해서 방문을 조금 열어놓으라고 시켰다. 내가 앉아있는 거실에서 방문이 열려 있는 것은 보이지만 동생이 무엇을 하고 있는지는 방문에 가려 구체적으로 보이지 않는 상태이다.

이때 동생의 방안을 향해서 한 줄기 레이저를 썼다고 생각해 보자. 레이저는 방안으로 들어가 벽에 부딪히고 입자가 사방으로 산란이 될 텐데, 이 산란된 빛들은 다시 동생을 맞고 반사되어 아주 소량이라 할지라도 문밖으로 다시 튕겨져 나올 것이다. 밖으로 나온 빛들은 어느 부분에 맞고 반사되었느냐에 따라 미묘한 시간차가 생긴다. 이 시간차를 계산하면서 펨토 카메라로 빛을 촬영하면 동생이 어떤 형태로 있는지가 입체적으로 확인이 가능한 것이다.

아직까지 무슨 소리인지 잘 모르겠다면 산에서 울리는 메아리를 생각하면 조금 더 이해가 쉬울지 모르겠다. 큰 소리로 야호를 외치면 맞은편 산에 맞고 반사된 나의 목소리가 시간차를 두고 나에게 되돌아오는 것과 그 원리가 같은 것이다.

이 기술은 현재도 구현이 가능하긴 하지만 아직까지는 대강의 형태만을 파악할 수 있는 수준이다. 즉 동생으로 추정되는 사람이 방안에 있다 정도만 구분이 가능하지 구체적으로 어떤 모습인지를 알 수 있는 수준까지는 도달하지 않았다. 하지만 언제나 그렇듯 기술은 발전할 것이고 펨토 카메라가 상용화 되는 날이 올 것이다.

그때가 되면 보이지 않는 사각지대에 있는 사람이나 자동차를 감지할 수 있어 교통사고가 크게 줄어들 것이고, 연기와 불길 때문에 안이 보이지 않는 화재현장에서도 어디에 사람들이 있는지 밖에서부터 쉽게 파악이 가능하다. 이미 캐나다에서는 MIT 카메라 성능의 10배인 1초당 10조 프레임을 찍을 수 있는 펨토 카메라까지 등장했다. 기술의 발전이 너무나 기다려진다.

16

한국산 티비를 미국에서 더 싸게 살 수 있는 이유

한국에서 생산된 티비가 미국에서 더 싼 이유

해마다 추석이 다가오면 뉴스에서는 민족 '최대'의 명절이 왔다며 차례상은 어떻게 차려야 하는지, 사과 값은 얼마나 올랐는지 따위를 집중적으로 보도한다. 그리고 몇 달 뒤 설날이 오면 또 다시 민족 '최대'의 명절이라는 수식어와 함께 서울에서 각주요 도시까지 얼마나 걸리는지 귀성길 중계를 한다.

설날보다 추석날 귀성객이 근소하게 많고 정착시기도 추석이 설날보다 앞선다는 신문기사를 본 적이 있다. 하지만 집안에 따라 설날과 추석을 지내는 규모와 방식이 다를 터이니 어느 것이 최대 명절인지를 따지는 것이 참으로 어렵다.

반면 미국의 'The Biggest' 명절이 무엇이냐는 물음에는 매우 쉽게 답이 도출된다. 언뜻 크리스마스라고 생각하겠지만 미국의 최대 명절은 추수감사절이다. 추수감사절이 되면 멀리 대도시에서 회사를 다니던 큰 아들과 다른 주에서 대학을 다니던 둘째 딸 할 것 없이 전부 고향집을 찾는다. 보통은 11월 넷째주 목요일부터 시작해 4일간의 연휴가 이어지기 때문에 고향에서 멀리 떨어져 살아도 이날만큼은 비행기로, 차로, 기차로, 우리의 민족대이동 같은 귀성길 진풍경을 감상할 수 있는 것도 특징이다.

그 옛날 메이플라워호를 타고 온 청교도들이 원주민들의 도움으로 옥수수를 재배해 아사의 고비를 넘겼던 추수감사절의 참뜻을 기리는 가정은 이제 없겠지만, 다 같이 식탁에 둘러 앉아 커다란 칠면조 요리를 해놓고 선물을 주고받으며 회포를 푸는 정겨운 모습을 볼 수 있는 날이 바로 추수감사절이다. 이렇게 연휴의 첫날인 목요일을 가족과 함께 보내고 나면 다음날 금요일부터는 그 유명한 블랙프라이데이Black Friday가 시작된다.

블랙프라이데이는 상점들이 흑자Black ink를 기원하는 뜻에서 붙인 이름이다. 이 날은 추수감사절때 미처 팔지 못한 재고 상품들을 할인해서 판매하는 데, 최대한 재고를 남기지 않기 위해서 공격적인 할인행사에 들어간다. 1년 매출의 70%가 블랙프라이데이때 발생한다는 말도 있을 정도로 그 열기가 대단한데, 오랜 간만의 가족모임을 즐긴 다음날 가족들이 총출동해서 그동안 사고 싶었던 것들을 마음껏 쇼핑하고 집으로 돌아오는 날이 바로 블랙프라이데이인 것이다.

블랙프라이데이에는 동네 소매점뿐 아니라 온라인 쇼핑몰들도 합세한다. 원래는 블랙프라이데이가 끝나고도 남아있는 재고들을 처리하기 위해 그 다음 주 월요일에 온라인을 통한 할인판매를 하는 사이버먼데이가 따로 있다. 그러나 요즘엔 11월 한 달 내내 할인행사를 하는 온라인 쇼핑몰들도 등장했을 만큼 그 경계가 모호해졌다.

때문에 블랙프라이데이가 다가오면 미국뿐 아니라 이역만리 한국에서도 대박상품을 사기 위한 각종 팁과 정보들이 쏟아진다. 대체 왜 한국에서 생산된 티비가 배를 타고 미국을 갔다가 다시 한국으로 와야 하는지 이유를 알 수는 없지만, 그렇게 운송비와 유통비를 지불하더라도 한국에서 사는 것보다 더 싼 물건들이 엄연히 존재한다는 것도 사실이다. 이 마법을 가능케 해주는 것이 바로 컨테이너이다.

WWW와 동일한 가치를 지닌 컨테이너

2007년 경제지 포브스가 20세기 후반을 바꾼 인물 15인을 선정한 적이 있다. 월드 와이드 웹을 고안한 팀 버너스 리, 영화사에 길이 남을 특수효과를 개발한 조지 루카스, DNA 이중 나선구조를 발견한 제임스 왓슨과 프란시스 크릭, 냉전시대를 종식시킨 미하일 고르바초프 등 그야말로 쟁쟁한 인물들이 명단에 이름을 올렸는데 컨테이너를 발명한 말콤 맥린Malcolm McLean도 그 사이에서 당당히 어깨를 나란히 했다. 포브스는 컨테이너의 발명이 월드와이드웹으로 인한 인터넷의 발전과 맞먹을 정도의 혁신이었다고 판단한 것이다.

사실 맥린이 컨테이너를 발명했다는 말보다는 규격화 시키는데 성공했다는 것이 더 어울릴 것이다. 물건을 박스에 넣어서 운송하는 것은 매우 상식적인 일이지 않은가. 이미 19세기부터 컨테이너 박스를 기차나 배에 싣고 화물을 운반하고 있었기 때문에 컨테이너 자체가 완전히 새로운 물건이 아니었다.

문제는 운송사마다 컨테이너의 크기가 제각각이었던 것에 있다. 배가 부두에 도착하면 부두 노동자들이 개미처럼 달라붙어 물건 하나하나를 짊어지고 하역한 뒤 또다시 기차나 트럭에 옮겨 실어야 했다. 배 한 척을 비우기 위해서 많게는 수백 명의 노동자들이 몇 주에 걸쳐 작업을 해야만 했는데 당시 운송비의 절반 이상은 노동자들의 인건비로 들어갔다.

이러한 이유로 세계의 주요 항만도시들은 배가 오랜 기간 정박할 수 있게 부두를 몇 개씩이나 보유해야만 했다. 때문에 당시의 무역이란 커피나 설탕 고무같이 자국에서 생산되지 않는 특수한 재료를 구하기 위한 수단이었고, 자급자족을 하는 게 당연시 되던 시대였다. 20세기 초, 당시 값비싼 뉴욕 땅에 창고와 공장들이 빼곡히 들어섰던 이유는 최대한 뉴욕 항과 가까운 곳에 있어야지만 그나마 물류비가 덜 들었기 때문이었다.

트럭 운송업을 하던 말콤 맥린은 운송업계의 불합리한 시스템을 누구보다 잘 알고 있었다. 그는 중구난방인 컨테이너의 크기를 통일시킬 수만 있다면 물류에 일대 혁신이 일어날 것이라고 확신했다. 배에 실린 일정한 크기의 컨테이너를 그대로 크레인으로 떠서 트럭으로 옮겨 실으면 하역시간이 획기적으로 줄어드는 것은 물론이고 엄청난 인건비도 절약할 수 있을 것이라 생각했다. 맥린은 자신의 계획을 실현에 옮기고자 바다와 육지를 아우르는 회사라는 뜻의 시랜드Sea-Land 사를 설립해 컨테이너 규격을 통일하기 위한 연구를 진행한다.

천재적이고 단순했던 아이디어 '트위스트 락'

하지만 규격의 통일 전에 먼저 해결해야 할 걸림돌이 있었다. 트럭과 기차 그리고 배에서 공통적으로 사용할 수 있는 컨테이너 고정장치가 필요로 했던 것이다. 여러 가지 운송수단에 범용으로 사용해야 했기 때문에 구조적으로 간단해야 했고 여러 층으로 적재했을 때의 무게도 견딜만큼 튼튼해야했다. 더군다나 컨테이너를 들어 올릴 크레인과의 호환성도 생각해야했기 때문에 공학적 지식이 없는 말콤 맥린 혼자서는 해결할 수 있는 문제가 아니었다.

이 난제를 해결한 사람은 키스 탠틀링거Keith Tantlinger였다. 키스 탠틀링거는 맥린에게 트럭을 공급해주던 회사에서 엔지니어링 부사장을 맡고 있던 인물이었다. 그는 맥린으로부터 트럭 뒤의 화물칸을 없애고 컨테이너 박스를 실을 수 있는 방법이 없겠냐는 의뢰를 받은 뒤 컨테이너 박스 개발에 의욕적으로 뛰어들었다.

그는 컨테이너 박스가 배 안에서 움직이지 않도록 하는 셀 가이드Cell Guide와 여러 층으로 적재 했을 때 무게를 버티게 해주는 코너 포스트Corner Post, 크레인과 컨테이너 박스를 연결해 주는 스프레더 바Spreader Bar 등을 개발하면서 기술적으로 말콤 맥린을 뒷받침 해주었는데 그 중에서도 가장 빛나는 아이디어는 단

컨테이너 박스의 여러 장치 중에서도 가장 빛나는 아이디어는 컨테이너 고정장치인 트위스트 락이었다.

연 볼트 액션 소총에서 영감을 얻은 컨테이너 고정장치인 트위스트 락Twist-Lock이었다.

컨테이너 박스의 각 모서리에는 구멍을 뚫고, 배나 트럭에는 이 구멍과 결합이 되는 트위스트 락을 부착했다. 컨테이너 모서리 속으로 트위스트 락이 들어가면 문 손잡이 돌리듯 회전시켜 고정만하면 되는 간단한 장치였다. 컨테이너끼리 적재를 할 때도 서로 맞닿은 모서리마다 트위스트 락을 끼워넣으면 흔들림 없이 안정적으로 고정이 가능했다. 키스 탠틀링거의 천재적 발명품인 트위스트 락이 없었다면 컨테이너 규격화 사업은 애시당초 성립이 되지 않았을 것이다.

1956년에 이렇게 개발이 완료된 컨테이너 박스는 첫 출항준비를 하고 있었다. 제2차 세계대전 당시 유조선으로 쓰였던 '아이디얼 엑스Ideal X 호'를 중고로 사들여서 개조한 다음 58개의 컨테이너를 싣고 뉴욕을 떠나 텍사스에 도착할 예정이었다. 나흘간의 항해를 무사히 마친 아이디얼 엑스 호가 도착했을 때 세상은, 5.83달러였던 톤당 운송비가 0.158달러로 약 37배나 낮아지는 대혁명적 사건을 경험하게 되었다.

그리하여 전 세계가 말콤 맥린의 컨테이너 규격을 표준삼아 운송비를 대폭 낮추게 되었다면 좋았겠지만, 그의 앞엔 노사정勞社政이라는 3단 허들이 놓여있었다. 공무원들은 귀찮기만 하고 일한 태도 안나는 컨테이너 표준화 같은 일에 적극적일리가 만무했고 운송사들도 이 표준화 작업에 뜨듯 미지근한 태도를 보였다. 컨테이너가 표준화 되어 버리면 자신들만의 규격이 사라져 고객들이 다른 회사로 갈아타기가 쉽다는 이유에서였다.

크레인 설치 문제는 항구노동자들의 심기도 건드리게 되는데 자신들의 일자리가 없어질 것을 두려워한 노동자들이 극렬한 반대투쟁에 나섰다. 트위스트 락의 특허까지 포기한 채 컨테이너 표준화 작업에 열을 올렸던 말콤 맥린과 키스 탠틀링거의 노력은 그 누구에게도 환영받지 못하고 소위 말해 짜게 식어가고 있었다.

베트남 찍고, 일본 찍고, 덤으로 한국도 찍고

하지만 기회는 뜻밖의 곳에서 찾아왔다. 바로 태평양 건너 베트남에서 말이다. 베트남 전쟁에 본격적으로 뛰어든 미국은 보급선을 꽉꽉 채워 쉴 새 없이 베트남으로 보냈다. 문제는 베트남에 쓸 만한 항구와 철도가 없다는 것이었다. 단 하나뿐인 철도선은 낙후되어 있었고 대부분의 항구는 수심이 얕아 대형 보급선의 접근이 불가능했다.

미군이 제대로 이용할 수 있었던 건 호치민 항 단 한 군데였는데 이마저도 다른 배가 먼저 정박해 있으면 멀찍이서 하염없이 기다리는 수밖에 없었다. 궁여지책으로 바지선을 보급선에 대고 하역작업을 펼치기도 했지만 배 하나를 전부 비우기 위해서 길게는 한 달이나 되는 시간이 필요하기도 했다.

이 문제를 해결하기 위해서 미군이 내놓은 답안은 역시나 통일된 규격이었다. 애초에 미국에서부터 모든 물자를 통일된 규격으로 실어 보내야지만 베트남에서도 빠른 하역작업이 가능하다고 판단한 것이다. 이런 경우 한국을 포함한 다른 나라였다면 정부가 주도해 위원회를 꾸리고 규격을 만들었겠지만 미국은 달랐다. 자본주의의 끝판왕답게 민간에게 입찰을 붙여 버린 것이다.

당연히 이 사업은 가장 낮은 돈을 써낸 맥린의 시랜드가 낙찰

받는데 성공했다. 앞으로 미군에 납품하는 모든 기업은 시랜드의 컨테이너를 이용해야만 했고 그게 아니라면 시랜드 컨테이너의 규격과 똑같은 컨테이너를 이용해 납품을 해야만 했다. 그 동안 맥린이 백방으로 뛰어다니면서 노력했던 컨테이너 표준화가 한 방에 정리된 셈이었다.

맥린은 기존의 호치민 항 대신 북쪽으로 조금 떨어진 깜라인만 항구에 크레인을 설치하고 컨테이너를 하역할 수 있게 시설을 정비했다. 시랜드의 보급선은 미국과 베트남을 정기적으로 오가면서 2주에 한 번씩 600개의 컨테이너 폭탄을 투하하고 갔는데 이 중엔 고기와 아이스크림 같은 신선식품이 담긴 냉동 컨테이너도 포함되어 있었다. 역시나 보급의 미군이라고나 할까?

군인들에게 아이스크림의 축복을 내리고 미국으로 돌아오는 컨테이너는 뜻밖의 곳에도 축복의 부스러기를 남겼다. 그 부스러기 세례를 흠뻑 맞은 곳은 다름 아닌 일본이었다. 맥린은 베트남에서 보급품을 내리고 미국으로 돌아오는 배가 텅텅 비어있는 것이 너무나 아까웠다. 베트남과 미국 중간쯤의 어딘가에 들러 컨테이너를 채워 올 수만 있다면 가만히 앉아서 수익률이 두 배가 되는 마법이 일어날 텐데 말이다.

맥린은 그 중간 기착지로 일본을 주목했다. 때마침 일본은 품질 좋은 티비나 라디오 자동차를 저렴한 가격에 만들어내기 시작하면서 경제가 부흥하는 단계였다. 맥린은 곧장 일본으로 날아가 사업가들을 만나면서 컨테이너를 부릴 수 있는 항구를 만들어주기만 하면 매우 싼값에 당신의 물건들을 미국으로 운반해줄 것을 약속했다.

두 번 다시 없을 절호의 기회를 거절할 리 없었던 일본은 도쿄와 오사카 두 군데에 컨테이너 항구를 서둘러 설치했다. 이제 맥린의 컨테이너선은 일본을 들러 각종 공산품들을 가득 싣고 미국으로 돌아올 수 있었다. 기존의 운송비에 비하면 거의 공짜나 다름없이 미국 땅에 상륙한 일본 제품들의 가격 경쟁력이 뛰어날 수밖에 없었던 건 당연했다. 바로 이때부터 미국과 일본과의 고질적인 무역 불균형 현상이 발생하게 된 것이다.

주목할만한 것은 이 거대한 모멘텀의 변화에 한국도 재빠르게 편승했다는 점이었다. 지금은 없어져버린 한진해운이 시랜드와 손잡고 부산에 컨테이너항을 개설한 것이다. 이로써 베트남을 찍고 돌아오는 배들이 일본을 가기 전에 부산도 들르게 되었는데, 농산물이나 광물같은 특산품만 수출하던 한국도 이제부터는 가격경쟁력 있는 공산품의 수출이 가능해졌다. 이후 컨테이너 터미널이 없는 항구는 자연스레 도태되고, 컨테이너 터미널이 있는 곳을 중심으로 세계 물류의 흐름이 재편성 되면서 한국은 부산 항을 발판삼아 고도성장을 할 수 있게 되었다.

17

세계 4대 성인
윌리스 캐리어가 발명한 에어컨

한여름 에어컨이 없는 극장을 상상해 보자

한여름의 오락거리 하면 영화를 빼놓을 수 없다. 매년 할리우드의 블록버스터들은 여름을 겨냥해 개봉날을 잡고 관객들도 이에 응답이라도 하듯이 기꺼이 극장가를 찾아가 스코어를 올려준다. 여름날 스크린에 걸리는 영화는 비단 액션 대작뿐만이 아니다. 공포 영화들도 여름을 기다렸다는 듯이 속속 개봉을 하는데, 뼈마디까지 오그라드는 무서운 공포 영화를 보면 체온이 내려간다는 믿거나 말거나한 속설 때문이다.

이처럼 영화사들이 여름철 장사에 매진하는 이유는 더위 탓이 크다. 땀이 흘러 쩍쩍 달라붙는 티셔츠의 밑단을 펄럭이며 배 속에 바람을 불어넣는 것도 한계가 있는 법. 제아무리 휴대용 선 풍기가 성능이 좋다 한들 에어컨의 냉동 바람에 비할 바가 아니 다. 사람들은 너도나도 에어컨이 켜져 있는 실내로 몰려들기 마 련인데 실내에서 즐길 수 있는 엔터테인먼트 중 제일 부담 없이 즐길 수 있는 게 바로 영화이기 때문에 영화업계에서 여름은 매 우 중요한 시즌이다.

그렇다고 해서 사람들이 실내로만 모이는 건 아니다. 여름이 야말로 진정한 아웃도어 엔터테인먼트의 계절이다. 해운대 백사 장에 빼곡히 박혀있는 파라솔, 계곡에서 백숙 한 마리를 10만원 에 파는 바가지 상인들, 휴가지를 향해 줄줄이 꼬리를 물고 있는 자동차들이 여름철 뉴스의 단골손님들인 이유가 다 있는 법이다.

실내건 실외건 이 모든 여름날의 오락을 가능하게 해주는 물 건은 바로 에어컨이다. 내 인생에 에어컨이 없는 극장은 단 한 번도 상상해 본 적이 없다. 에어컨이 고장 난 자동차는 타본 적 이 몇 번 있는데 이 불구덩이에 올라타 교통체증을 견디며 서울 에서 해운대로 향할 용기는 나에게 없다.

하지만 에어컨이 발명되기 이전의 사람들은 이 모든 것을 견 뎌냈다. 에어컨이 없는 극장에 모여 옆 사람의 땀내를 맡으며 영 화를 보는 건 당연한 일이었고 땀내를 덮으려고 뿌린 향수 냄새

에어컨이 없던 당시 극장가 성수기는 여름을 제외한 모든 철이었다.

와 뿜어내는 열기에 질식해 기절하는 사람들도 속출했다.

당시 극장가 성수기는 여름을 제외한 모든 철이었다. 극장뿐
아니라 사람이 많이 모이는 백화점이나 상점에서 여름은 개점휴
업이란 단어가 어울릴 정도로 한산했다. 기차나 자동차 역시 냉
방시설이 없었기 때문에 무더운 여름날 어딘가로 멀리 여행을
하려면 단단히 각오를 해야만 했다. 당시 유일한 공조장치는 창
문뿐이었다.

이러한 인류에게 에어컨이라는 신기神機를 선물해 준 건 윌리
스 캐리어Willis Carrier 였다. 캐리어는 이 세상에 내려온 성인 중
에 마호메트, 석가모니, 예수(가나다순) 다음 서열이며 생전의 박
애정신을 인정받아 천국에서 가장 호화로운 생활을 누리고 있을

것으로 예상된다. 이제부터 성聖 윌리스 캐리어가 에어컨을 개발하게 된 과정들을 하나씩 살펴보기로 하자.

차가운 공기를 만들기 위한 몸부림

공기를 차갑게 만들고자 하는 인간의 욕심은 아주 오래전부터 존재했다. 중동지방에서는 창문에 젖은 지푸라기를 걸어두고서 물이 증발할 때 시원해지는 효과를 얻었는데 심지어는 같은 방법으로 냉장고도 만들어 썼다.

두 개의 항아리를 겹쳐 놓은 뒤 그 사이로 모래를 채우고 물을 부으면 물이 증발하면서 안의 항아리가 차갑게 되는 원리였다. 지르Zeer 라고 불리는 이 항아리 냉장고는 실제로 채소의 경우 약 20일, 고기의 경우에는 2주 정도의 신선함이 유지되었는데 중동의 뜨거운 날씨를 생각해보면 실로 대단한 발명이었다.

우리나라에선 이것과 정반대로 공기 중의 습기를 모아서 에어컨을 만들었다. 신라시대 석굴암은 이름 그대로 돌로 굴을 만들어 그 안에 불상을 모신 암자였다. 때문에 환기가 제대로 되지 않아 항상 습할 수밖에 없었는데 신라인들은 이 문제를 수로 장치를 만들어 해결했다.

석굴암 지하에 흐르는 수로 장치를 만들어 차가운 물이 항상 흐르도록 해서 습기가 바닥에 모이도록 만들었던 것이다. 하지만 석굴암의 복원 과정에서 이 수로가 막히면서 이끼와 곰팡이가 끼기 시작했다. 지금은 현대적 기계를 사용해 계속적인 제습을 하고 있지만 상태가 점점 나빠져 일반에게 공개도 못 할 정도로 상태가 나빠져 버렸다.

물보다 더 빨리 증발되는 액체를 이용하면 어는점까지도 만들어 낼 수 있다는 사실을 알게 된 건 미국 건국의 아버지 벤자민 프랭클린이었다. 그는 피뢰침도 발명했을 만큼 뛰어난 과학자였는데 에테르를 증발시키는 실험을 통해 영하 14도까지 수은계를 떨어트리는 실험에 성공하면서 뜨거운 여름날 사람도 얼려 죽일 수 있다고 너스레를 떨기도 했다.

마이클 패러데이는 에어컨의 역사상 가장 위대한 발견을 했다. 암모니아를 기계적으로 압축해 다시 기화시키는 방식을 사용해 물체를 냉각할 수 있다는 것을 알아낸 것이다. 이 멋진 발견은 서민들도 아이스크림을 먹을 수 있는 호사를 누리게 해주었다.

이러한 시대의 흐름 속에서 태어나 커넬대학교를 이제 갓 졸업한 윌리스 캐리어는 졸업과 동시에 '버팔로 포지 컴퍼니Buffalo Forge Company'에 입사했다. 버팔로 포지 컴퍼니는 대장장이들의 도구들을 만들어주는 철공소로 시작한 회사였다. 캐리어가 입사했던 1901년에는 점점 사세를 확장해 펌프와 공작기계 그리고 공조 장비를 만드는 제법 큰 규모의 회사로 탈바꿈해 있었는데 코일에 뜨거운 수증기를 채운 뒤 공기를 순환시켜 난방을 하는 열풍 히터Hot Blast Heater 기술이 주특기였다.

아직까지 이런 기술들을 가정에서 사용하기엔 비싸기도 하고 기계도 커서 무리가 있었지만 기업들은 달랐다. 기업들은 적극적으로 신기술을 접목시켜 생산성을 높이려는 시도를 다각도로 기울이고 있었다. 버팔로 사는 고객들의 다양한 요구에 맞춰서 열풍 히터를 만들어야 했는데, 캐리어는 입사하자마자 목재 건조기와 커피 건조기 등을 디자인하면서 두각을 나타내기 시작했다.

이런 그를 어바인 라일Irvine Lyle이 눈여겨보고 있었다. 그는 뉴욕 맨해튼에서 영업총괄을 맡고 있었는데 그에게 찾아온 고객의 골칫거리를 캐리어에게 맡겨 볼 생각이었다. 라일을 찾았던 새킷 빌헬름 출판사Sackett-Wilhelms Lithographing & Publishing Company는 습도 때문에 골머리를 앓고 있었다. 출판사가 브루클린 해변 옆에 자리한 탓에 항상 습기 가득한 바닷바람이 불어왔는데 이 습한 바람이 인쇄에 악영향을 미치고 있었던 것이다.

당시의 컬러 인쇄는 기술의 한계로 여러 가지 색을 한 번에 인쇄하지 못했다. 대신에 한 번에 한 가지 색만을 인쇄해서 여러

색을 덧입히는 작업을 거쳐야 했는데, 매번 인쇄 때마다 습기를
머금은 종이의 크기가 제각각으로 달라져서 원하는 곳에 잉크가
묻지 않았다. 때문에 인쇄의 품질이 나빠지는 것은 물론이고 종
이의 낭비도 심했고 마감날짜도 위협받았다. 때문에 습기를 없
앨 수 있는 방법을 찾고자 라일의 사무실을 방문했던 것이다.

라일은 이것이 자신들이 가지고 있는 열풍 히터 기술과는 전
혀 다른 분야라는 것을 알았지만, 동시에 새로운 비즈니스 모델
이 될 것이라는 것도 확신했다. 이 문제를 해결할 수 있다면 비
슷한 곤란에 처한 다른 기업들로부터도 수주를 받을 수 있을 터
였다. 그는 이 문제를 해결할 사람이 윌리스 캐리어뿐이라고 확
신했다.

캐리어는 인쇄소의 공정을 면밀히 파악한 후 한 가지 기가 막
힌 솔루션을 내놓았다. 자신들의 히터를 거꾸로 이용해 보자고
제안을 한 것이다. 코일 안을 뜨거운 수증기 대신 차가운 물로
채워 공기를 순환시키면 인쇄소 안의 습기가 차가운 코일에 맺
혀 물방울로 변할 것이라고 생각했다. 캐리어는 인쇄소 근처에
서 지하수를 끌어와 이 코일을 채워 항상 차가운 상태를 유지시
키면서 제습 효과를 높였다.

여기다가 암모니아 압축기를 추가해 더욱 효과를 높인 이 기
계는 출판소 내의 습도를 일정하게 유지시키는데 성공했다. 당

시 캐리어는 자신이 만들어낸 인쇄소용 습기제거 기계가 온도조절, 습도조절, 공기환기, 공기정화라는 에어컨의 기본적인 4가지 기능을 모두 갖추고 있었다는 것을 꿈에도 몰랐을 것이다. 세계 최초의 기계식 에어컨은 바로 이날 탄생했다.

피츠버그역의 발상

그렇지만 이 기계는 현재 우리가 쓰고 있는 에어컨과는 조금 거리가 있다. 현대적 에어컨의 기본 개념은 기체냉매를 고압으로 압축시켜 액체로 만든 뒤 스프레이처럼 분사시키면, 냉매가 기화되면서 주변의 열을 빼앗아 가는 원리를 이용하고 있는데 아직 이 단계까지는 미치지 못한 것이다.

인쇄소 프로젝트를 성공시키고 난 뒤로 캐리어의 머릿속에는 에어컨에 대한 생각들로 가득 차 있었다. 그날도 어김없이 에어컨 생각에 골몰하던 그는 안개가 자욱이 껴 있던 피츠버그역 플랫폼에서 역사상 가장 빛나는 통찰의 아이디어를 얻게 된다. 안개 때문에 다른 곳보다 유독 온도가 낮았던 플랫폼을 바라보던 캐리어는 냉매를 스프레이처럼 분사해 플랫폼과 같이 안개가 자욱한 효과를 인위적으로 만들어낼 수만 있다면 효과적인 에어컨을 만들 수 있을 것이라는 생각을 한 것이다.

이 발상은 곧바로 기술개발로 이어졌다. 회사의 전폭적인 지지하에 전기를 사용한 모터 압축기 개발에 성공하면서 현대적인 에어컨 개발에 성공한 것이다. 버팔로 사는 여기서 그치지 않고 캐리어의 이름을 딴 에어컨 회사를 아예 따로 차려 주는 배려까지 해주었다.

하지만 제1차 세계대전이 발발하자 불황이 닥쳐왔다. 회사는 기존의 전통적인 사업 외에는 전부 정리 수순을 밟았고 캐리어의 에어컨 회사도 해체가 결정되었다. 캐리어는 자신과 뜻이 맞는 역전의 용사 어바인 라일과 몇 명을 데리고 자신만의 회사를 차렸는데, 이것이 바로 현재도 에어컨을 만들고 있는 캐리어 사이다.

캐리어의 에어컨은 온도가 제품의 질과 직결되는 산업 현장에만 쓰이다가 점차 극장과 백화점 등에서도 설치되기 시작했다. 에어컨을 설치한 상점들의 가장 큰 홍보 문구는 '냉방 중'이었다. 사람들은 더 이상 옆 사람의 불쾌한 땀 냄새를 맡으며 영화를 보지 않아도 되었고 쾌적한 환경에서 쇼핑을 즐길 수 있었다. 에어컨은 미국의회와 백악관에도 연이어 설치되면서 사람들의 머릿속에 '에어컨 = 캐리어'라는 이미지를 심어주게 되었다.

여기까지 들어보면 흔히 있을 법한 기업가의 성공 스토리 같아

에어컨은 대부분의 가정에 설치되어
현대의 필수품이 되었다.

보이지만 사실 캐리어는 생전에 에어컨 사업으로 큰 빛을 보지 못
했다. 여기서 말하는 큰 빛이란 상대적인 개념인데 그가 죽고 나
서 발생한 에어컨 광풍을 보지 못하고 죽었다는 이야기이다.

예나 지금이나 에어컨이란 기계는 전기 잡아먹는 괴물 취급
을 받았기 때문에 전쟁과 대공황으로 피폐해진 미국에서 누구도
선뜻 에어컨을 설치하려들지 않았다. 국회의원들에게는 세금으
로 시원한 에어컨이 켜진 의사당에서 놀고먹기만 하는 놈들이라
고 비아냥이 쏟아졌다. 아직까지 에어컨은 상업용으로만 쓰이는
물건이었지 가정에선 엄두도 못 낼 물건이었다.

윌리스 캐리어는 제2차 세계대전의 후유증이 채 가시지도 않
았던 1950년 미국이 동양에서 벌어진 또 다른 전쟁에 뛰어드는
것까지 목격한 후 73세의 나이로 생을 마감했다. 안타깝게도 그
가 발명한 에어컨은 그가 죽고나서 본격적으로 인기를 끌기 시

작했다. 전쟁이 끝나고 호황이 찾아오자 건설사들은 주택에 에어컨을 기본 사양으로 설치하기 시작한 것이다.

에어컨은 전쟁을 겪어보지 않고 안정적으로 자랐던 베이비붐 세대의 소비성향이 높아지면서 급속도로 성장했다. 그리고 에어컨은 사람이 살기 불가능했던 지역에도 도시를 만들어내는 기적을 행하기도 했다. 라스베가스와 중동의 사막에도 고층빌딩이 들어서고 사람들이 몰려들기 시작했는데 에어컨이 없었다면 불가능했을 이야기다. 혹시 여름에 이 책을 읽고 있는 독자들이 있다면 성인聖人 윌리스 캐리어님에게 꼭 감사의 기도를 올리도록 하자.

혁명의
순간

18

모두에게 평등한 죽음을 제공하다

전설 속의 용을 깨워버린 루이 16세

이웃한 나라끼리 친하게 지내는 걸 상상해 본 적이 있는가. 여러분이 한반도에 살고 있는 한국인이라면 사이좋은 이웃이라는 게 어떤 것인지 잘 와닿지 않을 것이다. 어찌 사이가 나빴던 시절만 있었겠냐만은 이웃 때문에 피해를 입었던 것만은 어제 일처럼 또렷한 걸 어쩌겠는가. 윗집 5살짜리 철수네가 이사 오던 날 이사 떡을 받고는 좋았던 기억은 온데간데없고 층간소음 때문에 괴로웠던 일만이 기억에 남는 법이다. 아래층에까지 떡을 들고 내려왔을 때 알아봤어야 하는 건데 말이다. 한일 관계가 그렇고 저 멀리 유럽에선 영국과 프랑스가 그렇다.

프랑스의 루이 16세가 미국의 독립전쟁을 도운 건 영혼의 라이벌 영국을 견제하기 위해서였다. 7년 전쟁에서 영국에게 패배한 대가로 신대륙의 식민지 누벨프랑스Nouvelle France 지역을 몽땅 빼앗겨버린 프랑스 입장에서, 철천지원수 영국이 신대륙에 빨대를 꽂고 부를 축적하는 꼴을 도저히 볼 수가 없었다. 그 결과로, 미국은 독립을 이뤄냈지만 프랑스는 식민지도 수복하지 못하고 선대부터 이어져오던 재정적자만 악화되어 국제적 호구로 전락하고 말았다.

루이 16세는 재정적자를 타개하기 위해서 삼부회를 소집했다. 삼부회는 프랑스의 세 계급(고위성직자, 귀족, 평민)들이 모두 모여 왕의 자문역할을 하는 기구였지만 지난 175년 동안 단 한 번도 열리지 않았다. 있다는 소문은 들었는데 대체 있는 건지 없는 건지 정체가 아리송한 전설 속의 용과 같은 존재였다고 할까. 루이 16세는 동굴에서 잠자던 용을 깨워서 길들인 다음 세상을 지배하는 상상을 했을 테지만, 세상은 판타지 소설이 아니라는 걸 몰랐던 게 패착이었다.

당연한 이야기지만 삼부회에 모인 세 계급들은 자신들에게 유리하게 회의를 진행하려 했고 신분간 격한 대립이 생겼다. 이에 평민계급들은 자체적인 회의를 소집해서 자신들을 '국민의

국민의회는 베르사유 궁전 테니스 코트에 모여
헌법이 제정될 때까지 절대 해산하지 않겠다는 서약을 맺었다.

회Assemblée Nationale'라고 칭하면서 삼부회를 부정하고 독자적으로 의결을 행사하려 했다. 프랑스 인구의 98%를 차지하고 있던 평민들이 부르주아 자본을 등에 업고 앙시앙레짐(구체제)에서 벗어나 자신들의 세상을 만들려 했던 것이다.

국민의회는 베르사유 궁전 테니스 코트에 모여서 헌법이 제정될 때까지 절대 해산하지 않겠다는 '테니스 코트의 서약'을 맺음으로써 귀족과 성직자들을 압박했다. 결국 다른 계급들도 국민의회에 합류할 수 밖에 없었는데 이쯤되자 루이 16세도 국민의회를 인정할 수 밖에 없었다.

국민의회는 곧장 헌법 만들기 작업에 돌입했다. 이때까지만
해도 국민의회는 왕은 군림하되 통치하지 않는다는 영국의 모델
을 따라 비교적 온건한 체제변화를 꾀했지만, 얼마 지나지 않아
민중들이 들고 일어나 바스티유 감옥을 습격하는 사건을 시발점
으로 프랑스 대혁명의 막이 오르게 되었다.

평등은 어디까지 미쳐야 하는가

평등이 민주주의의 핵심가치인 것은 논란의 여지가 없다. 근
대민주주의를 탄생시킨 프랑스 왕국 백성들은 불평등한 계급제
를 타파하기 위해 계급제의 정점에 서있는 루이 16세의 목을 잘
랐고 공화국의 시민으로 거듭날 수 있었다. 인간의 평등은 프랑
스 혁명의 사상적 주춧돌이었던 계몽주의의 핵심 요소였기 때문
에 헌법을 만들 때 최우선적으로 고려되어야만 했다.

인간은 왜 평등해야 하는가에 대한 원론적인 이야기부터 어
떻게 평등해야 하는가에 대한 실존적인 문제들이 끊임없이 제기
되는 가운데 뜻밖의 것에서도 평등이 주장되었다. 바로 사형의
평등이었다. 계급제 사회에서 평등하게 죽는다는 건 평등하게
사는 것만큼이나 어려운 일이었기 때문이다.

유교스피릿이 충만했던 조선에서는 머리카락을 자르는 일 조차 금기시했기 때문에 목을 자르는 참수형은 극형에 속했다. 목과 더불어 사지까지 자르는 능지처참은 주로 패륜범이거나 반역죄인에게 내려지는 형벌이었다. 신체가 훼손되지 않는다는 점에서 목을 매다는 교수형이 가장 선호도가 높은 방법이었지만 이건 어디까지나 상것들에 해당되는 이야기이고, 지체 높으신 양반들은 산골짜기 유배처에서 고상하게 사약을 마심으로써 체통을 지킬 수 있었다.

문제는 사약의 효능이 신통치 않은 경우가 다반사였다는 것이다. 약 기운이 빨리 돌도록 장작불을 뜨끈하게 지핀 아랫목에 앉아있어야 했다거나, 몇 날 며칠이고 뜻하지 않은 장복을 해야만 했다는 웃지 못 할 이야기들도 전해져 내려온다.

우리나라에서 기록된 마지막 능지처참의 주인공은 김옥균이다. 갑신정변 실패 후 일본에 망명해 있던 그는 당시 청나라 외교실세였던 이홍장을 만나기 위해 상해로 건너갔다가 암살당했다. 그의 시체는 조선으로 돌아와 또다시 목과 사지가 잘리는 육시戮屍에 처해졌는데 어느 기록에 따르면 그의 머리는 16일간이나 효수된 채 방치되었다고 한다.

조선에선 이를 마지막으로 갑오개혁을 통한 신분제 폐지와 함께 죽음의 평등도 이루어졌다. 모든 사형수는 죄의 경중과 신분의 고하를 막론하고 교수형에 처해졌는데 김옥균이 죽은 그 해에 붙잡혀 이듬해 사형당한 전봉준도 능지처참이 아닌 교수형으로 생을 마감하였다.

조선과는 반대로 프랑스에선 목이 잘리는 참수형이 가장 명예로운 사형방법이라고 생각했고 귀족들만이 참수형을 당하는 특권을 누릴 수 있었다. 하지만 귀족들이 참수형을 원했던 진짜 속내는 따로 있었다. 가장 고통 없이 죽는 방법이 바로 참수형이었기 때문이었다.

말에 묶어 사지를 찢는 거열형, 바퀴에 매달아 관절을 부러뜨린 다음 죽을 때까지 걸어두는 차륜형, 물을 계속 먹여 익사하게 만들거나 불에 태워 죽이는 등 평민들이 받았던 사형방법에 비하면 참수형은 가장 우아하게 죽을 수 있는 방법이었다.

사실 조선에서는 선호되던 교수형도 신체의 훼손만 없다뿐이지 상당히 고통스럽게 죽는 방법 중 하나였다. 교수형을 당하는 사람은 짧게는 수십 초 길게는 몇 분까지도 바둥거리면서 숨이 넘어갈 때까지 고통을 온전히 느껴야 했다. 사형집행관이 줄을 어떻게 묶어 놓느냐에 따라서 사형수를 최대한 고통스럽게 죽일 수도 있었다. 제2차 세계대전 전범재판에서 교수형을 언도받은 헤르만 괴링이 총살형으로 바꿔달라는 탄원서를 제출했다가 거절당하자 청산가리를 깨물고 자살을 한 일화는 당시 유럽인들이 교수형을 얼마나 고통스럽게 생각하고 있었는지를 잘 엿볼 수 있다.

마지막까지 평등하라

이처럼 신분마다 달랐던 사형 제도를 하나로 통일시키는 작업은 해부학 교수임과 동시에 국민의회의 의원 중 한 사람이었던 조제프 기요탱Joseph-Ignace Guillotin이 맡았다. 기요탱은 의사가 되기 전 예수회 대학에서 신학을 공부하던 이력을 가지고 있었다. 그 때문인지 평소 사형 제도에 대한 부정적인 시각을 가지고 있었고 부득이하게 사형 제도를 존속시켜야 한다면 반인권적인 사형방법에 대한 개선이 필요하다고 주장했다.

그는 의회에 나가 죄인의 사회적 신분이나 위치에 상관없이 같은 종류의 위법행위는 같은 종류의 형벌로 처벌해야 하고 오직 머리를 자르는 참형만이 헌법이 정하는 유일한 사형방법이 되어야 한다고 주장했다. 하지만 참수형에도 전혀 문제가 없는 것은 아니었다. 참수하는 사람의 기술과 노하우에 따라 얼마든지 사람을 고통스럽게 죽일 수 있었던 것이다.

19세기 말 조선을 찾았던 영국의 화가이자 탐험가인 아놀드

랜도어Arnold H. Savage-Landor는 자신의 저서《조선, 고요한 아침의 나라Corea or Cho-sen : The Land of The Morning Calm》에서는 망나니가 대역 죄인을 참수하는 모습을 상세히 묘사해 놓고 있는데, 술에 잔뜩 취한 망나니가 칼을 잘못 휘둘러 죄인의 목이 아닌 어깨를 잘라 고통스럽게 죽어갔다는 묘사가 인상적이다. 때문에 조선에선 죄인의 가족들이 한 번에 고통 없이 죽여 달라고 망나니에게 뇌물을 주기도 했다.

이처럼 사람에 의한 참수는 애초부터 평등할 수가 없었고 술도 먹지 않고 뇌물도 받지 않는 기계를 만들어 보자는 것에 프랑스 의회의 중지가 모였다. 혁명으로 인해 죽여야 될 사람들이 너무 많이 생겨난 것도 큰 이유 중 하나라고 한다면 훈훈한 인류애 모드에 찬물이 되려나?

단두대를 설계한 것은 왕의 주치의였던 안토닌 루이Antoine Louis였다. 기요탱은 참수에 관한 입법 제안과 기계의 제작을 피력했을 뿐, 이후 실질적인 단두대의 설계

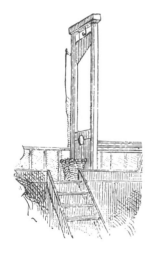

프랑스 최초의 헌법에 의해 사형당하는 모든 이는 신분고하를 막론하고 단두대로 평등하게 처형되었다.

는 안토닌 루이가 도맡았다. 사실 단두대와 비슷한 물건들이 다른 나라에 이미 존재하고 있었으며 이것을 좀 더 개량시킨 것이 바로 단두대였다. 단두대에게는 '정의의 나무'라는 그럴듯한 명칭도 있었지만 사람들은 설계자 안토닌 루이의 이름을 딴 '루이제트Louisette'나 '국가의 면도날', '과부'같은 별칭으로 부르기를 더 좋아했다.

그리하여 1791년 '모든 사형수는 머리를 자른다'라는 조항이 포함된 프랑스 최초의 헌법이 공포되었다. 이로써 지금부터 사형당하는 모든 이는 신분고하를 막론하고 단두대에 모가지를 길게 늘어뜨려야 했다. 이 단두대의 최초 고객(?)은 노상 강도짓을 하다 붙잡힌 펠르띠에Nicolas Jacques Pelletier라는 인물이었는데 다른 살인 사건과 강간 사건의 혐의도 함께 더해져 사형 판결을 받게 되었다.

새로운 헌법 아래에서 최초로 이루어지는 공개 처형식 날. 이미 파리 시내에는 최신식 참수 기계에 대한 소문이 파다하게 퍼져 관중이 구름같이 모여들었다. 관중들은 이 새로운 엔터테인먼트에 한껏 들떴지만 이는 곧 야유와 불평으로 이어졌다. 사형이 너무나 싱겁게 끝나버린 것이다. 그들이 원했던 건 죄인이 최대한 고통스럽게 죽어가는 모습이었지 깔끔하게 잘려 바닥에 나뒹구는 머리통을 보고자 모여든 게 아니었다.

사람들은 새로 생긴 사형도구에 불만을 쏟아내면서 이것을 제안한 기요탱도 싸잡아서 욕을 했다. 그리고 비아냥의 의미로 기요탱의 여성형인 기요틴으로 단두대를 부르기 시작했다. 여성다운 사형방법이어서 그랬을까?

어떤 자료들에는 기요탱의 의회활동을 못 마땅하게 여긴 신문기자가 기요탱을 비판하면서 명예에 먹칠을 할 요량으로 단두대에 기요틴이라는 이름을 붙여 불렀다는 이야기도 전해진다. 두가지 설 모두 기요탱의 명예를 실추시키려는 의도를 가졌던 것은 틀림이 없는데 그들의 바람대로 단두대는 루이제트나 정의의 나무 대신 기요틴으로 불리기 시작했다.

그런데 얼마 지나지 않아 혁명의 중심 인물이었던 로베스피에르Maximilien Robespierre가 주축이 되어 자신들의 반대파들을 무자비하게 숙청하는 공포 정치가 프랑스를 덮쳤다. 1년이 안 되는 짧은 기간 동안 약 2만명에 가까운 사람들의 목이 기요틴에서 잘렸다.

사람들은 자신의 목도 기요틴에 걸리지 않을까 노심초사하며 벌벌 떨기 시작했다. 기요틴의 사형방법이 싱겁다며 불평을 쏟아내던 사람들은 온데간데 없어지고 보다 많은 사람들을 빨리 죽일수 있도록 만들어진 최적의 살인기계라는 평이 기요틴에 붙기 시작했다. 인간의 인권과 평등을 위해 만들어진 기요틴이 공포정

치의 상징물로 떠오르게 된 것이다. 그리고 자연스레 기요탱 박
사 역시 희대의 살인광이라는 잘못된 오명을 쓰게 된 것이다.

놀랍게도 기요틴는 프랑스가 1981년 사형제를 폐지할 때까지
현역생활을 이어갔다. 막연히 전근대적인 도구로만 여기고 있었
던 단두대가 꽤나 최근까지 사용된 것이다. 더 놀라운 것은 20세
기 초까지도 공개적인 장소에서 단두대의 사형집행이 이루어졌
다는 것이다. 하지만 기요틴에서 머리가 잘리는 사형장면이 고스
란히 활동사진에 찍혀 극장 상영까지 이루어지는 사태가 벌어지
자 여론을 의식한 프랑스 정부는 사형을 비공개로 전환했다.

사형제는 1981년에 폐지되었지만 실질적인 사형집행은 1977
년이 마지막이었다. 기요틴의 마지막을 함께 한 사형수는 여성
을 살해한 혐의로 붙잡힌 하임다 드잔도비Hamida Djandoubi였다.
그의 목과 함께 기요틴는 역사 속으로 사라졌다. 하지만 민중들
이 언제 다시 단두대를 꺼내 들 날이 올지 모를 일이다. 역사는
반복되니까 말이다.

19

라듐과 달러의 관계

헷갈리게 만드는 달러

경제 시스템이 취약한 국가에서 자국 통화가 아닌 미국 달러가 통용되는 사례는 빈번하다. 자국 통화와 미국 달러를 같이 쓰는 국가도 있고 아예 자국 통화가 기능을 상실해 미국 달러만을 쓰는 나라도 존재한다. 환율을 미국 달러에 고정시켜 놓고 자국 통화의 가치를 안정시키는 나라도 많다.

특히나 미국과 지리적으로 가까운 남미국가들 중에서 이런 나라들이 많다. 그래서 남미로 여행을 갈 때는 우선 달러로 환전해 간 뒤 현지에 도착해서 필요한 만큼만 다시 현지 통화로 환전을 하는 편이 낫다. 어떤 때는 달러가 필요하고 어떤 때는 현지 화폐가 필요하기 때문에 지갑에 항상 달러와 현지 화폐 두 종류를 가지고 있어야 여행이 편하다.

남미를 처음 여행하는 사람들이 멘붕을 겪는 포인트가 바로 여기다. 남미의 많은 국가들은 자국의 공식적인 화폐단위로 '페소Peso'를 쓰는데 페소의 기호가 달러의 기호와 똑같은 '$'이기 때문이다. 물건에 '$10'라는 가격표가 적혀있으면 이것이 10페소인지 10달러인지 구분하기가 쉽지 않다. 그래서 페소를 내야하지만 달러를 내서 셀프 사기피해를 당하는 사람들도 적지 않다.

달러 기호가 아닌 달러라는 단어 그 자체 때문에 헷갈리는 경우도 많다. 자국의 통화를 달러라고 부르는 나라가 20여개 국이 훌쩍 넘기 때문이다. 캐나다나 호주같은 신생 서방국가들이야 미국과 순망치한의 관계이기 때문에 그렇다고 쳐도, 짐바브웨와 싱가포르 그리고 대만같은 나라까지도 대체 왜 자국의 화폐를 달러라고 부르는지 고개가 갸우뚱 해진다. 이 나라들이 전부 미국을 너무 사랑한 나머지 자신들의 통화조차 달러라고 지은 것일까? 게다가 가뜩이나 헷갈려 죽겠는데 페소는 왜 '$'를 자신들의 통화기호로 사용하고 있는 것일까?

아낌없이 주는 광산

마리 퀴리는 폴로늄과 라듐을 발견한 공로로 여성 최초의 노벨상 수상자가 된 것은 물론이고 물리학상과 화학상 두 분야를 모두 수상한 전후대미문의 과학자가 되었다. 하지만 당시 사람들이 방사능 물질이 얼마나 위험한지 제대로 알지 못했다. 특히나 라듐은 밤에 빛나는 야광 성질을 가진 탓에 사람들로부터 신비의 물질로 불렸는데 암세포를 죽이는 물질로도 각광을 받

마리 퀴리는 여성 최초의 노벨상 수상자이자 물리학상과 화학상 두 분야를 수상한 전후대미문의 과학자이다.

았다. 물론 암세포를 죽이는 물질인건 확실했다. 정상세포는 암세포로 만들어서 문제였지만.

라듐의 인기가 하늘을 찌르면서 바늘에 발라 야광 효과를 낸 시계부터 시작해 라듐초콜릿, 라듐수水, 심지어는 라듐콘돔까지 온갖 라듐 관련 제품들이 쏟아져 나오기 시작했다. 라듐이 비싸서 상당수가 짝퉁이었다는 게 다행이라면 다행이었을까?

이 때문에 마리 퀴리가 라듐을 처음으로 발견한 체코의 요아

힘스탈 또한 최고 인기 관광지로 급부상했다. 원래 이곳은 16세기에 은광이 개발되면서 사람들로 북적이던 곳이었으나 그간 쇠락의 길을 걸어 사람들로부터 잊혀진 시골동네에 지나지 않았다. 하지만 우라늄이 발견되면서 세간의 주목을 끌더니 마리 퀴리가 우라늄에서 라듐을 추출하는데 성공하면서 전 세계로 유명해지게 된 것이다.

시골동네의 행운은 온천까지 터지면서 절정에 이르게 되었다. 해마다 25,000명에 달하는 사람들이 주위의 빈과 프라하로부터 이곳을 찾았다. 그들의 대부분은 만병통치약으로 알려진 라듐 온천을 즐기러 온 사람들이었다. 믿기지 않겠지만 요아힘스탈에선 아직도 라듐 테라피를 주요 관광테마로 홍보를 하고 있다. 이곳의 탄광들은 유네스코 세계문화유산으로도 등재되어 있으니 특이한 관광을 원하는 사람이라면 한번쯤은 방문해 보길 바란다.

그런데 한 가지 아쉬운 것은 500년을 이어져 내려온 요아힘스탈이라는 이름을 더 이상 쓰지 않고 야히모프Jáchymov라는 새로운 지명을 쓰고 있다는 점이다. 동네 이름이 바뀌는 것은 꽤 흔한 일이기 때문에 뭐가 대수냐 하겠지만 요아힘스탈이라는 이름만은 좀 특별하다. 왜냐하면 그 이름 속에 달러의 역사가 고스란히 담겨 있기 때문이다.

라듐이 발견된 요아힘스탈은 유럽 최대의 광산마을로 변신했다.

탈러? 달러?

때는 바야흐로 체코가 아직은 보헤미아 왕국이었던 16세기. 당초 이곳은 이름도 없는 산골짜기에 불과했는데 갑자기 은광이 발견되고 사람들이 몰려 들면서 유럽 최대의 광산마을로 변신했다. 그러자 당시 헝가리의 왕이자 크로아티아의 왕이며 보헤미아의 왕까지 말 그대로 3관왕을 역임 중이었던 루드비크 2세Ludvík II는 이곳을 예수의 외할아버지 즉, 성모 마리아의 아버지인 요아힘의 골짜기라는 뜻으로 '요아힘스탈Joachimsthal'이라는 그럴싸한 이름까지 하사하게 된다.

당시 유럽에서 유통되던 은화들은 말만 은화이지 은 함량이 형편없이 낮고 크기도 작아서 사람들의 신뢰를 점점 잃어가던 참이었다. 하지만 요아힘스탈에서 생산된 은화는 풍부한 매장량에 힘입어 크고 고순도로 제작되면서 유럽 전역에서 인기가 날로 높아졌다. 사람들은 요아힘스탈에서 생산된 이 특별한 은화를 요아힘스탈러Joachimsthaler라고 부르기 시작했는데 나중에는 줄여서 탈러라고만 불렀다.

탈러가 점점 인기가 높아지고 유통량이 다른 은화들을 압도하게 되자 각 나라에선 탈러의 크기와 무게를 똑같이 모방한 은화를 제작하기 시작했다. 탈러와 똑같은 가치가 있어야지만 시중에서 사용하기 편리했기 때문이다. 탈러가 유럽 은화의 표준으로 자리 잡게 되면서 탈러는 은화 혹은 돈 그 자체를 의미하는 말로도 쓰였는데 유럽의 각 나라들은 자신들에게 편한 발음인 달더르나 톨라르 혹은 달러 등으로 바꾸어 불렀다.

가격혁명

이렇게 해서 달러가 역사의 한 페이지에 등장하게 되었다. 하

지만 아직까지 달러는 유럽에서만 쓰이던 '유로'에 지나지 않았
으며 이것만으로는 어떻게 아프리카부터 아시아에 이르기까지
전 세계에서 널리 쓰이게 되었는지 이해하기 어렵다. 이 현상을
이해하려면 유럽의 경제시스템을 완전히 바꾸어 놓은 '가격혁
명 Price Revolution'부터 짚어봐야 한다.

달러가 유럽에서 쓰이기 이전 스페인의 통화 단위는 '레알
Real'이었다. 하지만 다른 나라와의 무역을 원활히 하기 위해선
달러에 상응하는 새로운 통화가 필요했고 8레알 만큼의 돈이라
는 뜻의 '레알 데 오초Real de Ocho'를 만들어 냈다. 레알 데 오초
는 8레알에 해당하는 무게라는 뜻의 '페소 데 오초Peso de Ocho'라
고도 불렸는데 사람들이 가장 즐겨 부르던 이름은 '스페인 달러'
였다.

스페인 달러는 스페인이 본격적으로 아메리카 대륙에 식민지
를 건설하는 것과 궤를 같이해 전성기를 맞는다. 신대륙엔 유럽
에서는 꿈도 못 꿀만큼 거대한 매장량을 가진 은광들이 존재했
고 이것을 바탕으로 엄청난 양의 스페인 달러를 찍어낼 수 있었
던 것이다. 특히나 멕시코는 지금도 세계에서 가장 많은 은 생산
량을 자랑할 만큼 매장량이 풍부한 곳이었기 때문에 스페인 달
러의 주조가 집중적으로 이루어진 곳이었다. 때문에 스페인 달
러는 '멕시코 페소'라는 별명도 얻었다.

여기서 용어 정리를 하고 넘어가야 할 것 같다. 겨우 두 문단 속에서 똑같은 돈을 칭하는 여러 가지 단어들이 튀어나와서 머릿속이 복잡해져 있는 상태라는 걸 잘 알고 있다. 이제부터 레알이니 오초니 하는 단어들은 이제부터 잊어버려도 된다. 스페인 달러와 멕시코 페소가 같은 말이라는 것만 알면 앞으로 나올 내용들을 이해하기에 전혀 무리가 없기 때문이다. 좌절하지 말고 조금만 힘내 보도록 하자.

이렇게 신대륙에서 만들어진 은화들이 스페인을 경유해 유럽으로 쏟아져 들어오기 시작하자 은의 가치가 폭락하면서 물가가 급등하기 시작했다. 그 결과로 15세기 후반부터 17세기 초반까지 백여 년 조금 넘는 시간 동안 유럽의 물가는 3~4배 가량 치솟는 초인플레이션이 발생했는데 이것을 가격혁명이라 일컫는다.

고도로 산업화된 한국의 2010년대 평균 물가상승률이 1.72%이고 이것이 65년간 변함없이 지속되어야지만 물가가 3배 정도 오르는 걸 감안해 봤을 때, 아직 산업혁명 이전의 유럽에서 단 100년 만에 물가가 3배가 오른 것은 대단히 이례적인 일이었다. 이 정도의 초인플레이션은 산업혁명 때에도 나타나지 않은 충격적인 사건이었는데 오죽했으면 전문가들이 '혁명'이라는 명칭을 붙였겠는가. '스페인에선 은 빼고는 다 비싸다'라는 농담까지 성행할 정도였으니 유럽에 깔린 은의 양을 가히 짐작할 만하다.

그런데 이 스페인 달러가 흘러가는 곳이 또 한 곳 있었다. 바로 필리핀이었다. 당시 필리핀 마닐라는 스페인의 식민지임과 동시에 세계 무역의 거점이었다. 갤리온 선단이 갓 생산된 따끈따끈한 스페인 달러를 싣고 이곳에 도착하면 중국의 도자기와 차들이 그들을 맞이했다. 중국은 자신들의 물건을 유럽에 팔면서 은화 이외에는 일절 받지를 않았는데, 유럽 촌뜨기들이 생산한 물건 중에 당최 쓸 만한 게 하나도 없었기 때문이었다.

이로 인해 중국을 비롯한 아시아에도 스페인 달러가 넘쳐나기 시작했다. 유통량이 증가하자 중국 역시도 이에 대응하는 똑같은 무게와 순도의 은화를 제작해야할 필요성을 느끼게 되었고, 이렇게 해서 탄생한 은화를 '위안'이라고 불렀다. 현재 중국인들이 쓰는 위안이라는 통화 단위가 이때 생겨났고 우리나라의 원과 일본의 엔도 위안의 영향을 받아 만들어진 통화 단위이다. 이렇게 스페인 달러 혹은 멕시코 페소는 동서양을 아우르는 세계 최초의 기축 통화 역할을 하면서 전 세계로 퍼져나갔다. 현재 달러나 페소, 레알, 원圓 등을 화폐 단위로 쓰고 있는 나라들의 대부분이 이때의 영향을 받은 나라들이라 할 수 있다.

$의 근본은?

이제부터는 달러에 대한 가장 흥미로운 이야기를 해볼까 한다. 바로 달러 기호 '$'에 관한 이야기다. 보통 통화 기호라고 하면 이니셜에 줄을 그어놓는 게 일반적인데, 아무리 이리저리 머리를 굴려봐도 달러Dollar의 '$'는 도통 근본을 추리해 낼 수가 없다. 이것은 전 세계인의 공통된 미스터리지만 아직 명확한 증거가 나오지 않아서 여러 가지 카더라를 여러분에게 소개하고자 한다.

가장 널리 퍼져있는 카더라는 페소Peso의 알파벳을 합쳐서 쓰던 관습 때문이라는 설이다. 앞서 언급한것처럼 스페인 식민지 시절의 영향 때문에 중남미 대부분의 국가들 대부분은 페소를 통화 단위로 쓰고 있고 달러와 똑같은 '$'를 통화 기호로 사용 중이다. 이 때문에 '$'는 원래부터 달러의 기호가 아니라 페소의 약자인 PS를 빨리 쓰려다가 생겨난 페소의 기호이며 이것을 달러가 차용했다는 것이다.

아직 영국의 식민지였던 미국은 영국과의 만성적인 무역 불균형을 겪었다. 그 때문에 늘상 파운드 동전 부족에 시달리게 되었는데 이것을 타개할 목적으로 스페인 달러를 혼용해서 쓰기 시작했다. 그러던 차에 미국이 영국으로부터 독립과 더불어 파

운드 사용을 중지하자 스페인 달러는 자연스레 미국의 공식 화폐가 될 수 있었다

물론 미국도 1792년에 실시한 화폐주조법에 따라 자신들의 통화를 만들었지만 그 기준이 되었던 것은 역시나 스페인 달러였다. 1 스페인 달러를 고대로 본따 1 미국 달러로 정하고 1/100배의 가치가 되는 동전을 센트, 10배의 가치가 되는 동전을 이글이라고 정했다. 같은 해에 발행된 조지 워싱턴의 서명이 들어간 미국의 채권에서 이미 '$' 기호를 발견할 수가 있는데, 이로 미루어 볼 때 '$'는 그 전부터 미 대륙에서 널리 쓰이던 페소의 기호였다고 보는 게 타당하다는 나름 근거 있는 주장이다.

하지만 이 주장의 반박도 존재한다. 스페인 문화에서 S에 줄을 그어 놓은 것은 총액이나 총중량을 나타내는 기호였다는 것이다. 즉 '$100pesos'라고 적혀있는 것은 총 100페소만큼의 무게 혹은 돈을 나타냈던 것인데 미국인들이 이것을 달러의 기호라고 착각해 지금에 이르렀다는 소리이다. 이 주장이 신빙성을 얻는 이유는 '$'가 숫자의 뒤가 아니라 앞에서 쓰이기 때문이다. 즉 '$'가 페소의 줄임말이었다면 1peso가 변해서 1$가 되어야 하지만 이상하게도 숫자 앞에서 붙어서 $1처럼 활용이 된다. 이 것도 나름 일리가 있는 주장처럼 보인다.

하지만 역사적 사실이 무엇인지는 제쳐두고 가장 재밌는 카

더라는 스페인 달러에 새겨진 스페인 국왕의 문장 때문이었다
는 설이다. 이베리아 반도 최남단 지브롤터 해협은 지중해와 대
서양을 이어주는 통로역할을 하고 있으면서 헤라클레스 신화가
살아 숨 쉬는 곳이기도 하다. 때는 헤라클레스가 12가지 난제를
수행하던 그 시절. 게리온의 소떼를 에우리스테우스에게 전해주
라는 미션을 받은 헤라클레스는 자신의 앞을 가로막은 아틀라스
산을 괴력으로 무너뜨리고 건너갔는데, 그곳이 바로 지금의 지
브롤터 해협이 되었다는 전설이 바로 그것이다.

우연인 것인지 전설이 실제인 것인지, 지브롤터 해협 어귀에
는 아틀라스 산의 흔적처럼 보이는 바위산이 하나 우뚝 솟아 있
다. 사람들은 그것을 헤라클레스의 기둥이라고 부르기 시작했고
헤라클레스의 기둥을 넘지 말아야 할 금단의 선이라고 생각했
다. 지브롤터 해협을 지나 대서양으로 가면 세상의 끝인 낭떠러
지가 나올 것이라 생각했기 때문이다.

신성로마제국 황제였으며 스페인 국왕이었던 카를 5세Karl V는
자신의 문장에 이 헤라클레스의 기둥을 넣었다. 두 개의 기둥엔
그의 좌우명인 플루스 울트라Plus Ultra가 적힌 리본이 S자로 감겨
있다. 플루스 울트라란 '저 멀리 너머로'라는 뜻으로 헤라클레스
의 기둥 너머로 진출해 태양이 지지 않는 대제국을 건설한 자신
감을 나타낸 것이었다. 현재 스페인 국기에도 그려져 있는 바로

그 문장이 스페인 달러에도 똑같이 새겨져 있었는데 기둥에 리본이 감긴 모습이 '$'와 매우 흡사해서 탄생한 것이 바로 달러 기호라는 이야기도 전해진다. 과연 어느 것이 맞는 이야기일까?

20

미터를 구하기 위해 지구를 재다

민주주의가 탄생시킨 통일된 도량형

오늘날 대한민국을 사는 사람들이 가장 분노하는 것이 바로 불공평이다. 친구와 똑같이 떠들었는데 선생님이 나만 혼 낼 때, 똑같이 불법주차를 했는데 나만 딱지를 떼었을 때, 한국인은 절대 참지 않고 분노에 찬 목소리로 결연히 떨쳐 일어나 소리 지른다. "왜 나만 가지고 그래요!!"

자고로 민주주의란 지위의 고하를 막론하고 모두가 똑같은 잣대 안에서 평가되어야 하는 법이다. 잣대가 사람에 따라 들쭉날쭉해지기 시작하는 순간 그것은 곧 신분이 생겼다는 것을 뜻하기 때문이다. 한국의 경제발전 속도가 정점에 올라가 있었던 1988년에 탄생한 저 유명한 유행어 '유전무죄 무전유죄'는 수십억 원의 사기를 친 대통령의 동생이 단 2년 만에 풀려난 것에 대한 일갈이었다.

혁명이 한창이던 그 시절 프랑스에서는 신분마다 제멋대로 적용되던 잣대를 바로잡기 위해 왕의 목을 잘랐다. 왕의 목이라고 해서 단두대의 칼날이 들어가지 않는 무쇠 목이 아니었다. 단두대 칼날 아래에서는 귀족도 평민도 모두 똑같은 인간일 뿐이었다. 그렇게 신분제를 없애버린 프랑스에겐 마지막 과제가 남아 있었다. 진정한 평등을 이루기 위해선 또 한 가지의 잣대 통일이 필요했던 것이다. 레토릭으로써의 잣대가 아니라 길이를 재는 '자' 그 자체의 통일 말이다.

지구를 잴 수 있었던 자신감

당시 프랑스에선 하나의 통일된 도량형이 없었기 때문에 사회적 혼란이 매우 높아져 있었다. 믿기지 않겠지만 당시 프랑스에는 약 25만개의 각자 다른 도량형이 존재했다고도 한다. 지방의 영주들이 세금을 걷을 때 자신에게 유리하도록 도량형을 제

멋대로 조정하고 새로운 단
위를 만들어 냈기 때문이다.

결혼한다고 결혼세, 살아
있다고 인두세, 지나간다고
통행세, 죽었다고 사망세 등
온갖 명목으로 세금을 수탈
당하고 있던 농노들에게, 도
량형마저 영주 입맛에 맞추

진정한 평등을 이루기 위해서 길이를 재는 '자',
그 자체의 통일이 필요했다.

어 바뀌는 이 상황은 그야말로 지옥이었을 것이다.

프랑스 대혁명 지도부는 유럽 과학발전의 중심이자 프랑스의
자랑거리였던 과학아카데미Académie des Sciences에 도량형의 통일
을 의뢰했다. 과학아카데미는 우선 고대 그리스어에서 측정하다
라는 뜻을 가진 메트론μέτρον을 따서 미터Metre(프랑스어 메트르)라
는 길이의 이름부터 지어 붙였다. 다음 숙제는 이 미터의 기준을
무엇으로 잡는가 하는 것이었다. 과학자들은 100여 년 전 측지
학자 장 피카르Jean Picard가 제안했던 초진자에 주목했다.

피카르는 1670년에 삼각측량을 통해서 위도 1도의 길이가
57,060트와즈Toise라고 밝혀냈던 천재적인 인물이었다. 트와즈
는 당시 프랑스에서 쓰이던 길이 단위였는데 이 역시 곳에 따라
제각각으로 쓰이고 있었다. 이것에 불편을 느낀 피카르는 2초에

프랑스 대혁명 지도부는 유럽 과학발전의 중심인 프랑스 과학아카데미에 도량형의 통일을 의뢰했다.

정확히 한 번 왕복하는 초진자의 길이를 재서 이것의 2배를 1트와즈로 정하자고 제안했다. 그러면 전국 어디든 똑같은 트와즈를 쓸 수 있을 것이라고 생각했기 때문이었다. 하지만 피카르가 몰랐던 게 하나 있었는데 측정하는 곳의 중력에 따라 진자운동의 속도가 미묘하게 달라진다는 것이었다.

여러분에게 온도, 습도, 기압, 중력 등의 외부 요인에 절대 영향을 받지 않고 세계 어디에서 측정해도 똑같은 결과가 나오는 것을 하나 고르라는 문제가 주어진다면 어떤 것을 선택하겠는가? 지금의 과학 지식으로도 결코 쉽지 않은 이 문제에 대한 답으로써, 놀랍게도 과학아카데미는 지구를 그 기준으로 선택했다. 지구의 크기는 그 어떤 상황에서도 영원히 변하지 않을 것이고, 세계 어디에서 잰다 하더라도 똑같은 결과가 나올 것이기 때문에 척도로서의 역할을 훌륭히 수행할 수 있을 것이라 생각한 것이다.

당시 과학아카데미가 자신들의 측량기술에 얼마나 자신감을 가지고 있었는지는 알 길이 없지만 이들은 실제로 지구의 크기를 재기 위한 계획에 돌입했다. 우선 북극점에서 파리를 지나 적도까지 이르는 길이를 재어서 이것의 천만분의 1을 1미터로 하기로 합의했다. 하지만 이 무모한 도전은 시작부터 난관에 부딪히고 말았는데 적도 부근에는 관측소를 세울 마땅한 곳이 없다는 것을 깨달았기 때문이다. 때문에 파리를 중심으로 위쪽으로는 덩케르크, 남쪽으론 바르셀로나까지의 거리를 재어서 북극점과 적도까지의 길이로 환산하는 계획으로 변경할 수밖에 없었다.

1792년 마침내 과학아카데미는 덩케르크로 출발하는 북쪽원정대와 바르셀로나로 출발하는 남쪽원정대 두 팀을 동시에 파견하면서 측량 작업에 돌입했다. 세상이 어수선하던 프랑스 대혁명이 한창인 시기에 여러 가지 첨단 장비를 끌고 다니며 이상한 짓을 하는 원정대는 당연히 사람들로부터 경계의 눈초리를 받을 수밖에 없었다.

왕당파의 하수인들로 오해받아 교도소에 투옥되는 사건도 발생하는 등 여러 가지 수모를 겪으면서 무려 6년에 걸친 지난한 작업이 이어진 끝에 1798년 드디어 인류에게 1미터라는 절대불변의 길이가 주어질 수 있었다. 그리고 1미터를 이용해 한 변의 길이가 10cm인 정육면체의 부피를 1리터, 섭씨 4도씨의 순수한 물로 1리터를 채운 질량을 1kg이라고 정하는 미터법이 제정되었다.

황제는 떠났지만 미터는 남았다

때마침 프랑스의 통령이 되었던 나폴레옹은 미터법의 신봉자였다. 나폴레옹은 그동안 존재하던 모든 도량형을 폐기하고 통일된 미터법을 프랑스에 정착시키는 한편 그가 정복한 유럽의 국가들에게도 미터법을 강요했다. 이는 당연히 거센 반발에 부딪치고 말았다. 단순히 '프랑스가 만든 기준을 왜 우리가 써야 되느냐' 차원의 문제가 아니라 '너희가 잰 1미터가 진정한 1미터가 맞느냐'와 같은 근본적인 문제제기였다.

지구가 완벽하게 대칭을 이루는 타원형이 아닐진대 어떻게 파리를 중심으로 한 자오선이 영원불변한 세계인의 표준이 될 수 있느냐는 목소리와 함께 울퉁불퉁한 지구의 표면을 정확하게 잴 수 있는가에 대한 의문도 제기되었다. 사실 당시에 제아무리 측량술이 발달했다 하더라도 파리와 바르셀로나 사이에 있는 피레네 산맥을 넘어 정확한 거리를 잰다는 것은 처음부터 엄청난 무리가 따르는 계획이었고 실제로도 그러했다.

남쪽의 바르셀로나로 향하는 원정 대장을 맡았던 피에르 메생Pierre Méchain은 자신의 측량에 오차가 있음을 발견했음에도 불구하고 수치를 조작한 것으로 밝혀졌다. 이로 인해 미터법은 그 뿌리부터 신뢰가 흔들리는 처지가 되고 말았다. 미터법에 무한 신뢰를 보내던 나폴레옹조차 통치 말년에 국민들로부터의 신뢰가 바닥으로 떨어지게 되면서 미터법을 비난하고 나섰다. 결국 민주주의와 함께 탄생한 미터법은 나폴레옹이 황제 대관식을 치르고 왕정으로 복귀한 지 얼마지 않아 민주주의와 함께 폐기되는 운명을 맞았다.

그런데 프랑스가 자신들의 식민지를 아프리카와 아시아 등지로 넓혀가면서 통일된 도량형에 대한 필요의 목소리가 다시 불거지기 시작했다. 아무래도 도량형이 통일되어야 교역을 하기에 훨씬 편리했기 때문이다. 게다가 프랑스의 주변국이었던 네덜란드와 벨기에가 미터법을 공식적으로 쓰기 시작하자 미터법 부활에 힘이 실렸다. 1875년에 17개국이 참가한 '미터협약Meter

대한제국은 미터원기를 바탕으로 우리 고유의 단위와
미터법을 결합시킨 도량형법을 제정하였다.

Convention'에 의해 미터법은 명실상부한 국제적 통일 도량형으로
부활하게 되었다. 황제가 떠난 지 54년만의 부활이었다.

이후 1889년에 개최된 국제도량형총회에서 백금 90%와 이
리듐 10%의 합금으로 미터원기原器를 만들고 이를 바탕으로 킬
로그램원기까지 만들었는데 이를 정교하게 본뜬 부원기를 20여
개 남짓 만들어 세계 각국에 나누어 주었다. 놀랍게도 이 중 하
나가 고종 때인 1894년 우리나라에도 들어오게 되었다. 미터협
약에 가입도 하지 않은 나라에 어떻게 미터원기가 들어오게 되

었는지는 알 수 없으나 우리가 즐길 수 있는 '국뽕'이 한 가지 늘었다는 점에서 대단히 즐거운 역사적 사실임은 분명하다.

대한제국은 이를 바탕으로 1보步는 1.2미터, 1칸間은 2미터, 1줌把은 1m^2은, 1단束은 10m^2 등과 같이 우리 고유의 단위와 미터법을 결합시킨 도량형법을 제정해 '1905년 제1호 법률'로써 채택했다. 가장 상징성 있는 법률 1호를 도량형으로 지정할 정도로 당시 대한제국은 도량형의 통일에 신경을 썼는데, 바꿔 말하면 당시 우리도 프랑스만큼이나 중구난방인 도량형 때문에 사회적 혼란이 있었다는 것을 엿볼 수 있는 대목이다.

미터의 수난

하지만 완벽할 것 같았던 미터원기에도 오류는 존재했다. '영원히 변하지 않을 것'을 기준삼아 가장 변형이 적은 백금과 이리듐의 합금으로 미터원기를 만들었지만 금속 자체가 환경과 세월에 따라 아주 미세하게 변화해 가는 것을 막을 수는 없었던 것이다. 게다가 불의의 재해로 미터원기가 타버리거나 찌그러질 경우 영원히 원래대로 되돌릴 수 없는 것도 치명적인 약점으로 작용했다. 때문에 과학자들은 1960년 국제도량형총회를 열고 진

공상태에서 파장이 가장 안정된 크립톤86 Krypton86 원자의 등황
색선 스펙트럼 파장의 165만 763.73배를 1m으로 재정의 했다.

그러나 과학자들은 이것도 마음에 들지 않았나 보다. 기존의
방법보다 정확도가 올라가긴 했지만 크립톤 원자의 스펙트럼을
측정하기가 너무 어렵다는 문제점에 부딪힌 것이다. 1983년에
열린 국제도량형총회에서는 빛이 진공에서 1/299.792.458초 동
안 이동한 경로의 길이를 1미터라고 재정의 했다. 이로써 1미터
는 진정으로 전 지구 어디에서 측정해도 똑같은 길이를 가질 수
있게 되었다.

1미터가 이렇게 부침을 겪고 있는 사이에 1킬로그램은 1889
년에 표준원기가 정해진 뒤로 별말 없이 그대로 사용되었다.
하지만 어쩔 수 없이 그 무게가 변할 수밖에 없었는데 실제로
2007년에 잰 킬로그램원기는 처음의 무게보다 50마이크로그
램이 줄어들어 있었다. 영원불변이라는 원기의 기준에 부합하
지 않자 120년 이상 사용되어온 킬로그램원기는 2011년 폐기
되었고, 플랑스 상수 Planck Constant를 기초로 한 키블 저울 Kibble
Balance을 사용해 새로운 킬로그램을 정의했다.

키블 저울은 두 가지 모드를 이용해 무게를 잰다. 하나는 키블
저울에 재고자 하는 무게 추를 단 뒤 전류를 공급해 중력과 평
행이 되게 만들어 전자기력을 재는 웨잉 모드 Weighing Mode가 있

고, 다른 하나는 영구자석 속의 코일을 모터로 움직일 때 전자기 유도 현상을 통한 전압이 발생하는 것을 재는 무빙 모드Moving Mode가 있다. 두 가지를 모드를 이용해 무게를 정확하게 잴 수 있다고는 하는데 사실 내가 설명해 놓고도 무슨 말을 하는 건지 잘 모르겠다. 가장 간단한 단위인 킬로그램조차 문돌이는 이해할 수 없도록 만들어 버린 과학자들의 음모라고 생각하는 것이 속 편하겠다.

21

우연의 발견, 혈액형

AB형에게 싸이코냐고 그만 묻자

사람과 사람이 처음 만나는 자리에서 한국인들이 상대를 알아가는 프로세스는 매우 전형적이다. 우선 나이를 물어 서열을 확실히 정하고 난 뒤 이름을 묻는다. 상대가 외국인인 경우에는 보통 국적, 나이, 이름순으로 묻는데 가끔은 통성명을 하지 않을 때도 있다. 이때 그 외국인의 이름은 출신국으로 갈음된다.

잘 생기셨네요, 키가 크시네요, 피부가 좋아요, You handsome (be 동사는 붙이지 않는 게 중요) 등의 시답지 않은 칭찬을 몇 마디 주고받다가 대화거리가 떨어져서 어색해 질 때쯤 비장의 무기를 꺼내든다. "혈액형이 어떻게 되세요?" 상대방의 혈액형이 무엇이든 간에 이쪽의 리액션은 "어쩐지 그럴 것 같더라." 또는 "진짜요? 전혀 안 그래 보여요." 이 두 가지로 귀결이 되기 마련이다.

가끔 희귀한 AB라도 만나면 "AB형은 싸이코가 많다던데"라고 상대방에게도 다 들릴 혼잣말을 하곤 한다. 이건 예의가 없어서가 아니다. 그냥 어릴 때부터 몸에 밴 습관이 그렇다. "싸이코세요?"라고 직접적으로 묻는 것보단 훨씬 격식을 갖춘 소통방법이지 않은가.

한국인의 혈액형별 성격론에 대한 맹신은 여론조사에서도 잘 드러난다. 2017년 한국갤럽의 조사에 따르면 한국인의 58%가 혈액형에 따라 성격의 차이가 있다고 답했다. 2012년의 67%보다는 많이 떨어진 숫자이지만 여전히 한국인의 절반 이상이 A형은 소심하고 B형은 성격이 더러우며 AB형은 싸이코라는 것을 믿고 산다.

그렇다고 해서 이들을 비난하는 건 아니다. 손금으로 언제 죽을 팔자인지를 예측하고 관상으로 재물운을 점치는 것보다는 혈액형에 따라 성격이 다르다는 것이 훨씬 과학적으로 느껴지기 때문이다. 무언가 엄청난 양의 통계가 켜켜이 쌓이고 쌓여서 만들어진 과학이론처럼 보이는 혈액형 성격설이 대체 언제부터 시작된 것인지를 알기 위해서는 인간에게 동물의 피를 수혈하던

17세기로 거슬러 올라가야 한다.

개 vs 개, 양 vs 사람 그리고 사람 vs 사람

피를 과학적으로 규명하려 했던 최초의 인물은 영국의 윌리엄 하비William Harvey였다. 그는 동물 실험을 통해서 피가 심장의 펌프질로 온몸을 순환하고 있다는 것을 밝혀냈는데, 개의 혈관에 아편이나 구토제 같은 약을 주사해도 먹었을 때와 똑같은 효과가 나타난다는 것 또한 입증했다. 그 뒤로 개의 혈관에는 우유, 맥주, 포도주 등 온갖 것들이 주사되기 시작했는데 다른 동물의 피도 예외는 아니었다.

동물에게 동물의 피를 수혈하는 실험의 선봉장은 리처드 로워Richard Lower가 맡았다. 그는 개가 과다출혈로 쓰러질 때까지 피를 뽑아낸 뒤, 다른 건강한 개의 혈관을 연결해 수혈을 함으로써 쓰러진 개가 다시 건강을 회복하는 실험에 성공했다. 그 뒤로도 여러 마리 개의 피를 한데 모아 한 마리의 개에 수혈하는가 하면, 양의 피를 개에 수혈하는 등의 실험을 통해 동물의 피를 동물에게 이식할 수 있다는 것을 증명했다.

이러한 리처드 로워의 실험에 흥미를 느낀 사람이 바다 건너 프랑스에 있었다. 루이 14세의 주치의였던 장 드니Jean Denys는 동물 간의 수혈이 가능하다면 동물과 인간 사이의 수혈도 가능할 것이라고 생각했다. 중요한 건 안전성이었다. 그는 수십 번의 동물 간 수혈 실험을 통해 혈액이란 일종의 영양분이고 이 영양분에 따라 사람의 성격도 바꿀 수 있다는 말도 안 되는 결론을 내리고 말았다. 즉 난폭한 사람에게 양이나 송아지 같은 유순한 동물의 피를 수혈하면 성격을 고칠 수 있을 것이라 판단한 것이다.

드디어 장 드니에게 자신의 이론을 실험해볼 기회가 찾아왔다. 이름 모를 열병을 앓고있는 소년이 드니를 찾아 온 것이다. 드니는 이 소년에게 양의 피를 수혈했다. 그런데 저승사자가 아직은 어린 소년을 불쌍히 여겼는지 기적적으로 소년의 병세가 호전을 보였다. 원래 사람 몸에 다른 혈액형이 들어오면 피가 응고되어 사망을 해야 정상이다. 하지만 소년이 살 수 있었던 것은 피의 양이 너무 적었기 때문으로 추측된다.

근거 없는 자신감을 얻은 드니의 다음 희생양은 앙투안 모루아라는 난폭한 정신이상자였다. 드니는 그에게 송아지처럼 온순한 성격이 되라는 의미에서 송아지의 피를 수혈했지만 행운은 두 번 찾아오지 않았다. 앙투안 모루아는 세 번에 걸친 수혈을 받고 사망하고 말았는데 장 드니는 살인 혐의로 기소되어 사형선고를 받았다. 후에 알게 된 사실이지만 앙투안 모루아의 사망

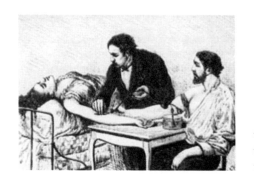

블런델은 산모들에게 인간의 피를 수혈하면 사망을 막을 수 있을 것이라 생각했다.

원인은 비소중독이었으며 그의 아내가 몰래 그에게 비소를 먹여 독살한 것으로 밝혀졌다.

과연 장 드니가 억울한 죽음을 당했는지에 대한 토론은 여기서 할 필요가 없겠다. 다만 이 사건은 수혈이 위험하다는 인식이 널리 퍼지는 계기가 되었다. 프랑스는 물론이고 영국에서도 사람에게 수혈을 하는 것을 법적으로 완전히 금지시켜 버렸고 덕분에 엉뚱한 희생양이 나오는 것을 막을 수 있었다.

이 금지된 비기는 150년 후 산부인과 의사 제임스 블런델James Blundell에 의해 다시 세상 밖으로 나왔다. 당시 산모들은 아기를 낳으면서 과다 출혈로 사망하는 사건이 다반사로 발생했다. 블런델은 산모들에게 동물이 아닌 인간의 피를 수혈하면 사망사고를 막을 수 있을 것이라 생각했다. 지금 생각하면 절반은 맞았고 절반은 틀렸던 그의 생각이 무모하게 보일 수 있지만 어차피 살 가능성이 없는 산모들에게는 충분히 시도해 볼 만 한 것이었다.

문제는 과연 누가 피를 공급해 주느냐였다. 피를 보관하는 기술도 없던 시절에 수혈이란 오로지, 위급상황이 발생했을 때 피수혈자가 같이 있어야지만 성립이 가능한 이야기였다. 당연히 피수혈자는 의사인 블런델이 주로 도맡을 수 밖에 없었다. 그리고 11년에 걸쳐 10명의 산모에게 수혈을 실시해 그 중 5명이 죽음의 문턱에서 살아 돌아올 수 있었다.

그의 반쪽짜리 성공으로 의학계에서 수혈이 다시 공론화 되었다. 그러나 50%의 성공률은 수혈이 공식적인 의술로 채택되기에 너무나도 낮았다. 의사들은 여전히 수혈에 대해 부정적이었고 혹시라도 모를 사망사고로 자신의 의사 생활이 끝날지도 모른다는 생각이 그들을 지배했다. 그렇게 또 다시 수혈이 봉인되나 싶은 순간, 오스트리아의 젊은 병리학자가 인류사에 길이 남을 발견을 하면서 안전하게 수혈을 할 수 있는 길이 열리게 되었다.

정말 우연히 발견된 ABO 혈액형

카를 란트슈타이너 Karl Landsteiner 는 빈의 어느 연구실에서 근무하던 32세 청년이었다. 그는 사람의 피를 서로 섞어보는 실험을 해보다가 이상한 점을 발견할 수 있었다. 어떤 피들은 서로 들러붙어 응고가 되지만 어떤 피들은 문제없이 잘 섞였기 때문 이었다. 당시 동물의 피와 사람의 피가 섞이면 응고가 되는 것쯤 은 이미 널리 알려진 사실이었는데, 사람의 피끼리 섞었을 때 응 고가 되지 않는 신기한 현상을 처음 목격한 것이다.

란트슈타이너는 이것을 좀 더 파보기로 했다. 연구실 사람들 을 상대로 응고 실험을 진행해 본 것이다. 그는 자신을 포함한 6 명의 피를 뽑아서 하나씩 교대로 섞어 가면서 응고 여부를 판단 했는데 A, B, C의 세 개의 그룹으로 나눌 수 있었다. 란트슈타이 너 자신은 C 그룹이었는데 C 그룹은 나중에 O형으로 이름이 바 뀌게 된다. 아쉽게도 연구실 인원 중엔 AB형이 없어 AB형의 존 재를 이때 밝혀내진 못했지만 그의 ABO식 혈액형의 발견으로 의학이 위대한 진보를 할 수 있었다.

하지만 곧 발생한 제1차 세계대전은 혈액형에 대한 연구를 조금 다른 방향으로 끌고갔다. 당시엔 특별한 인종이 더 우수 하다는 우생학이 인기를 끌던 시기였다. 독일의 의사 에밀 둥 게른Emile von Dungern과 그의 제자 루드비크 히르슈펠트Ludwik Hirschfeld는 혈액형 조사를 통해 혈액형은 유전되고 평생 바뀌지 않는다는 사실을 발견했다. 때문에 우수한 민족의 피는 다른 민 족과 섞이지 말고 보존되어야 된다는 논리가 고개를 들었다. 여

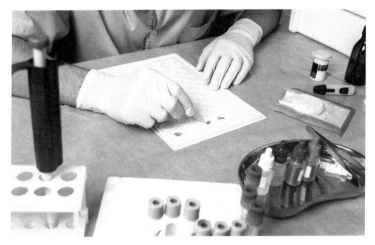

카를 란트슈타이너는 사람의 피를 서로 섞어보는 실험을 하다가 ABO 혈액형을 발견하였다.

기에 히르슈펠트가 만들어낸 생화학적 인종 계수Biochemical Racial Index 는 이 논리를 뒷받침 하는 중요한 자료로 쓰였다.

히르슈펠트는 전쟁터에 모인 16개국의 군인 8,500명의 피를 뽑아 혈액형을 검사했는데 유럽인이 다른 인종에 비해 유독 A형이 많다는 사실을 발견했다. 그는 나라별로 B형 대비 A형이 얼마나 많은지를 계수화 시켰는데 영국인은 4.5 독일인은 2.8이었고 인도인은 0.5로 나타났다. 이것을 근거로 계수가 2.0 이상이면 유럽형, 1.3 미만이면 아시아—아프리카형, 유럽형과 아시아—아프리카형의 사이를 중간형으로 나누고 계수가 높은 유럽인이 다른 인종보다 뛰어나다는 근거 자료로 사용했다.

일본인은 조선인보다 우수하다는 것이
과학적으로 밝혀지다

이 생화학적 인종 계수에 관심을 보인 것은 일본이었다. 당시 일본은 조선을 지배하기 위한 논리 개발에 한참이었는데 바로 이 인종 계수가 눈에 띄인 것이다. 혹시라도 운이 좋아 일본인의 계수가 조선인보다 높게 나온다면 일본인이 조선인보다 우수하다는 과학적 증거를 얻을 수 있었기 때문이었다.

경성 의학전문학교 교수였던 기리하라 신이치桐原眞一는 곧바로 통계 수집에 착수했다. 다행스럽게도(?) 일본인은 1.78인데 비해 조선인의 평균은 1.07로 나왔다. 게다가 일본과 가까운 남부 지방일수록 계수가 높고 북쪽일수록 계수가 낮아지는 결과를 얻었다. 일제에겐 이보다 더 기쁜 통계학적 발견이 없었을 텐데 그 덕에 일본이 조선을 지배해야 되는 이유에 한 줄을 새로이 추가할 수 있었다.

이 혈액형 연구는 심리학자였던 후루카와 타케지古川竹二에 의해 또다시 엉뚱한 방향으로 튀고 말았다. 그는 1927년 주위 사

람 300여명의 혈액형을 조사한 걸 바탕으로《혈액형과 기질血液型と気質》이라는 책을 내면서 혈액형별로 사람의 성격이 다르다는 주장을 펼쳤다. 그리고 곧바로《혈액형과 민족성血液型と民族性》이라는 책까지 내며 자신들이 식민지배 중이던 조선과 대만 등의 민족성을 혈액형으로 설명하려 했다.

지금으로 치면 유사과학에 지나지 않았을 그의 책들은 뜻하지 않은 엄청난 히트를 치게 되었다. 일본사회에서는 혈액형별로 맞는 음식이나 옷이 무엇인지 연일 화제가 되었다. 혈액형에 맞는 직장이 따로 있다는 이야기도 정설처럼 굳어졌는데, 덕분에 이력서 한켠에는 혈액형을 적는 칸이 만들어지게 되었다.

제2차 세계대전이 끝나자 나치가 저지른 끔찍한 만행 때문에 우생학이 금기시 되었고, 혈액형으로 민족과 인간을 나누는 짓거리도 수그러 들게 되었다. 그렇다고 해서 일본에서 그 불씨가 완전히 꺼진 것은 아니었다. 노미 마사히코能見 正比古가 1971년에 펴낸《혈액형으로 알 수 있는 궁합血液型でわかる相性》이 120만 부가 팔려나가는 초대박 베스트셀러가 되면서 혈액형별 성격론에 다시 불이 붙은 것이다.

그는 과학자도 무엇도 아닌 단순한 작가에 불과했지만 후루카와 타케지가 썼던 '혈액형과 기질'을 바탕으로 사람을 혹하게 만드는 소리를 그럴듯하게 쏟아냈다. 마사히코는 그 뒤로도《혈

액형 인간학》,《혈액형 활용학》,《혈액형 스포츠 과학》 같은 책
을 연달아 출간하면서 일본을 혈액형의 마수에 허우적거리게 만
든 장본인이 되었다. 그리고 옆 나라 한국에도 일본의 선진 문화
(?)를 수출해 주신 매우 고마운 분으로 남아있다.

22

미국의 세상에서
가장 바보 같은 핵실험

자다가 떡이 생긴다는 것이 이런 느낌일까?

제2차 세계대전이 끝나고 미국이 가장 두려워 한 것은 핵폭탄이었다. 핵폭탄 한방으로 전쟁을 끝낸 장본인 미국이 핵폭탄을 두려워했다고 하면 이상하게 들릴지 모르지만 실제로 그랬다. 그 이유는 바로 소련 때문이었다. 미국은 소련이 핵폭탄을 보유하려면 많은 시간이 지나야 가능할거라 생각했지만 예상보다 이른 시기인 1949년에 핵실험을 성공하면서 미국을 초긴장시켰다.

소련의 핵실험 성공은 한국전쟁을 발발시키는 원인으로 작용하기도 했다. 스탈린이 핵실험에 성공하자마자 김일성의 남침

계획을 승인해 준 것은 결코 우연만은 아닐 것이다. 그간 미국이 가진 핵폭탄 눈치를 보느라 헛기침 한 번 제대로 하지 못 했던 소련이었지만, 이제는 자신들도 핵폭탄을 보유했다는 자신감과 더불어 중국의 공산혁명이 성공한 것을 보고는, 한반도에도 붉은 깃발을 꽂을 욕심을 냈을 것이다.

한국전쟁을 신호탄으로 세계는 본격적인 이념전쟁에 돌입했지만 한국전쟁이 끝난 이후 두 진영 간의 전면적인 무력충돌은 단 한 차례도 발생하지 않았다. 서로가 가진 핵폭탄 때문에 전면전을 피하면서 정치적, 경제적 선전으로 전쟁을 치르는 냉전의 시대가 열렸기 때문이다.

냉전기간동안 미국과 소련은 각자가 가진 핵폭탄을 더 고도화시키려고 애쓰는 동시에, 적의 핵폭탄을 어떻게 방어해야 할 것인가에 대한 전략도 수립해야만 했다. 당시는 대륙간탄도미사일이 개발되기 전이었기 때문에 서로에게 핵폭탄을 투하하기 위해선 반드시 사정거리가 엄청나게 긴 폭격기가 동반되어야 했다. 따라서 핵폭탄 방어 시스템은 주로 이 폭격기들을 요격하는 데 촛점이 맞춰졌다.

사실 당시 소련은 미국에 비해 비행기 기술이 한참 뒤떨어져 있던 나라였다. 미국은 제2차 세계대전때 이미 최대 항속거리가 9,000km나 되는 B-29 폭격기를 보유하고 있었다. 그 덕분에 태

평양 어느 섬에라도 활주
로만 하나 건설해 놓으면
일본 본토를 타깃으로 한
직접적인 폭격이 가능했
고 막강한 제공권을 바탕
으로 일본을 석기시대 수
준으로 되돌려 놓은 폭탄
을 퍼부을 수 있었다. 히로

미국은 최대 항속거리가 9,000km나 되는 B-29 폭
격기를 보유하고 있었다.

시마에 떨어졌던 리틀보이도 B-29의 탑승객 중 한 명이었다.

소련은 압도적인 B-29의 성능을 바탕으로 폭탄택배를 사용
해 전쟁을 승리해 나가는 미국의 모습을 그저 부러운 눈으로 지
켜볼 수밖에 없었다. 물론 소련도 뛰어난 기술을 가지고 있었지
만 그들이 자신 있는 건 단순한 설계를 바탕으로 한 대량생산이
었지 B-29와 같이 정교하고 복잡한 설계를 필요로 하는 분야가
아니었다.

이렇게 미국을 부러워만 하던 소련에게 자다가 떡이 생기는
일이 발생했다. 일본을 폭격하고 돌아가는 B-29 폭격기 중, 기
체 결함으로 소련의 극동기지에 불시착하는 B-29들이 몇 대 있
었던 것이다. 당시 소련과 일본은 불가침 조약을 맺은 상호중립
국이었기 때문에 일본에게 피해를 입힌 미국 비행기를 다시 돌

려보내는 것은 불가침 조약에 위배되는 것이었다. 소련은 B-29
에 타고 있던 조종사와 승무원들을 억류하고 B-29도 돌려주지
않았다.

사실 여러분도 눈치 챘다시피 상호중립국이니 뭐니 하는 것은
표면적인 이유에 지나지 않았다. 소련은 B-29를 얼떨결에 입수
하고 너무 좋아서 밤에 잠도 못자고 설쳤을 것이 확실하다. 사실
그간 소련은 제2차 세계대전 동맹국인 것을 빌미로 수차례 B-29
를 지원해 달라고 사정사정했지만 미국은 번번이 매몰차게 거절
했다. 2차 대전이 끝나면 자신들의 최대의 적이 될 소련에게 전
략무기를 지원해 주는 것 자체가 말도 안 되는 일이었기 때문이
었다.

그렇게 애원해도 받지 못했던 B-29를 꽁으로 얻게 됐으니 얼
마나 기뻤겠는가. 소련은 곧바로 B-29의 부품 하나하나를 해체
한 뒤 이것을 다시 역조립해 B-29의 카피품을 만드는데 성공했
다. 그렇게 탄생한 소련의 폭격기 Tu-4는 B-29과 성능이 거의
동일한 쌍둥이 동생이었다. 소련은 여기서 그치지 않고 Tu-4를
베이스로 항속거리가 15,000km에 이르는 Tu-95 폭격기를 만
들어 냈다. 극동기지에서 출발해 미국 본토에 핵폭탄을 투하하
고 유유히 기지로 귀환할 수 있는 폭격기를 소련이 보유하게 된
것이었다.

핵폭탄을 핵미사일로 격추시키면 어떻게 될까?

사태가 이렇게 돌아가자 미국은 다급해졌다. 당시 미국이 채택하고 있던 방공시스템은 '폴딩 핀 에리얼 로켓Folding-Fin Aerial Rocket', 일명 마이티 마우스Mighty Mouse라고 불리는 다연장 로켓이었다. 기존의 상대 꼬리를 물고 기관포로 격추시키는 도그파이트 방식은 제트엔진의 출현으로 사장되었고, 대신 로켓을 발사해서 격추시키는 방식이 도입되었다. 하지만 당시 기술로는 비행기를 정확하게 명중시키는 것이 어려웠기 때문에 여러 발의 로켓을 한꺼번에 발사해서 명중률을 높이고자 했고, 그렇게 탄생한 방공시스템이 바로 마이티 마우스였던 것이다.

하지만 이 방법도 미국의 입장에서는 영 믿음직스럽지 않았다. 99번 격추에 성공하더라도 단 한 번 격추에 실패하면 거대한 버섯구름과 함께 도시 하나가 통째로 날아가는 것을 목격해야만 하는 것이 핵폭탄이었기 때문이었다. 미국은 더 신뢰성 높은 방공체계를 찾고 있었는데 이때 나온 아이디어가 바로 공대공 핵미사일이었다. 즉 미사일로 적의 비행기를 직접적으로 맞추는 것에 실패하더라도, 그 근처에서 핵폭탄을 터트리면 넓은 폭발범위 덕분에 적기를 격추시킬 수 있을 것이라는 아이디어였다.

자국의 영토에 핵폭탄이 터지는 것을 막기 위해서 자국의 상

자국의 영토에 핵폭탄이 터지는 것을 막기 위해서 자국의 상공에서 핵폭탄을
터트리는 실험을 했다.

공에서 핵폭탄을 터트리자는 이 어처구니없는 아이디어는 놀랍
게도 진짜 채택이 되었다. 이렇게 해서 탄생한 것이 에어 2 지
니AIR-2 Genie 공대공 미사일이었다. 일단 살상 범위가 무려 300m
나 되는 지니 미사일을 소련의 Tu-95 폭격기가 피하기란 거의
불가능에 가까워 보이긴 했지만 미국에겐 여전히 남은 숙제가
있었다. 하늘에서 떨어지는 방사능은 대체 어떻게 할 것이란 말
인가?

불행하게도 지니 미사일이 개발된 1957년 당시는 방사능이
얼마나 위험한 것인지 사람들이 잘 인지를 하지 못하고 있었다.
방사능을 맞으면 몸이 건강해진다는 어처구니없는 소문도 떠돌

아다닐 때였으니 오죽했을까. 애당초 지니 미사일 계획이 통과
된 것만 봐도 당시 사람들이 얼마나 방사능에 무지했는지를 잘
볼 수 있다.

때문에 미국은 어떻게 하면 방사능 낙진을 없앨 수 있을까를
고민한 게 아니라 어떻게 하면 방사능 낙진이 사람에게 무해한
걸 선전할 수 있을까를 고민했다. 고민 끝에 생각해 낸 방법은
사람을 대상으로 생체실험을 하는 것이었다. 사람의 머리 위에
서 실제로 핵폭탄을 터트려서 안전하다는 것을 증명할 수 있다
면 이것만큼 효과가 직방인 것은 없었기 때문이었다. 미국은 장
교들을 상대로 생체실험에 자원할 사람을 모집했는데 이 모집공
고를 보고 무려 다섯 명의 지원자가 나타났다.

운이 좋은 다섯 명의 바보들

시드니 브루스Sidney Bruce, 프랭크 볼Frank P. Ball, 노먼 보딘저
Norman Bodinger, 존 휴지스John Hughes, 돈 러트렐Don Luttrell이 다
섯 명의 용감무식한 군인들이 바로 생체실험에 자원한 사람들이
었다. 1957년 7월 19일, 이들은 네바다 주의 핵실험장에서 '그라
운드 제로, 인구 5'라고 적힌 팻말과 함께 서 있었다. 조금 있으

면 F-89 스콜피온 요격기가 이들의 머리 위 5,600m 상공에 지
니 미사일을 쏘아서 핵폭발을 일으킬 예정이었다.

통제실에서 카운트다운이 시작되고 이윽고 미사일이 발사되
었다. 미사일은 빠른 속도로 날아가 순식간의 이들의 머리 바로
위에 도달했고 미리 설정해둔 기폭장치에 의해 핵폭탄이 터졌
다. 그 순간 번뜩이는 섬광이 이들을 덮쳤는데 다섯 명의 용감한
바보들은 잠시 움찔하는가 싶더니 핵폭탄이 터진 상공을 한참
바라보고 있었다. 빛에 이어 뒤늦게 폭발소리가 꽝 하고 도달하
자 이들은 깜짝 놀라며 상체를 숙였다.

실험은 불과 몇 초 만에 끝났다. 이 실험은 적기를 격추시키는
상황을 똑같이 재현함으로써 방사능 낙진이 사람에게 어떤 영향
을 미치는지 알아보려고 계획된 실험이었다. 내가 이처럼 생생
하게 당시의 상황을 묘사할 수 있는 건 실험 장면이 영상으로 남
아 있기 때문이다. 살아남았다는 안도감이었을까? 실험이 끝나
자 이들은 활짝 웃으면서 악수를 나눴다. 실험 내내 긴장했는지
곧바로 담배를 꺼내 문 사람도 있었다. 당연한 이야기겠지만 겉
으로 보기에 이들은 매우 멀쩡한 것처럼 보였다.

미군은 군인들을 대상으로 한 생체실험이 성공했다고 자체적
인 평가를 내렸다. 하지만 미군의 입장에서 이 실험은 결과가 나
오기 전부터 이미 성공이 예견된 실험이었다. 어차피 방사능이

라는 것은 사람에게 큰 피해를 끼치지 않는 물질이라고 생각했기 때문이었다. 단지 이번 실험은 사람을 상대로 한 실험 장면을 영상으로 남겼다는 것에 의의가 있었다. 이 필름은 방사능 낙진이 인체에 무해하고 따라서 핵미사일을 쓰는 것이 정당하다는 프로파간다에 쓰일 예정이었다.

미국은 방사능 낙진이 사람에게 무해하다는 것을 알리기 위한 실험을 계획했다.

이후 미국은 본격적인 지니 핵미사일 양산에 들어갔다. 지니 핵미사일은 나토 회원국 간의 핵무기 공유협정에 따라 옆 나라 (사실은 윗나라) 캐나다에도 배치되었다. 놀랍게도 지니 미사일은 1988년까지도 현역 생활을 이어갔다. 방사능에 대한 위험보다 냉전시대 이데올로기가 우선시되었던 당시의 특수한 상황이 역사상 가장 강력하고 위험천만한 공대공 미사일을 무려 31년간이 운용하게 만들었던 것이다.

바보들의 운명은 어떻게 되었을까?

자 이제 여러분이 가장 궁금해 하는 걸 알려드릴 시간이 왔
다. 실험에 참여했던 다섯 명의 군인들은 그 후로 어떻게 되었을
까? 그에 앞서 우리가 간과하고 있던 사람에 대해 잠깐 알아보
고 가는 시간을 갖자. 사실 핵실험 당시 그 곳에는 실험 참가자
다섯 명 외에도 한 명이 더 있었다. 바로 카메라맨 조지 요시타
케George Yoshitake 였다.

일본인 이민자를 부모로 둔 요시타케는 미 국방부에 소속되
어 핵실험을 전문적으로 필름에 담는 카메라맨이었다. 그는 실
험 전날이 되어서야 촬영 스케줄을 통보 받았는데 폭발현장에
서 멀찍이 떨어져 촬영을 하던 기존의 방식과는 달리 핵폭발 바
로 밑에서 촬영을 한다는 사실을 알고는 어떤 보호 장구를 제공
해 줄 수 있는지 물었다. 하지만 돌아오는 대답은 "아무것도 없
다"였다. 결국 그는 야구모자 하나만을 쓴 채로 그날 촬영에 임
할 수밖에 없었다.

2010년 요시타케는 뉴욕타임즈와의 인터뷰에서 꽤 많은 카메
라맨 동료들이 4~50대에 암으로 세상을 떠났고 그것이 핵실험
과 관련 있을 것이라고 밝혔다. 우리가 인터넷에서 어렵지 않게
볼 수 있는 수많은 옛날 핵실험 장면들은 모두 그들에 의해 촬영

된 것이다.

요시타케 역시도 위암에 걸렸다. 하지만 그는 운좋게 완치될 수 있었고 다른 동료들과는 다르게 84세까지 살다가 2013년 세상을 떠났다. 그는 죽기 1년 전 핵실험에 참여했던 다섯 명 중의 한 명인 돈 러트렐과 재회하는 감격을 누리기도 했는데 러트렐의 나이는 당시 88세였다. 러트렐에 따르면 나머지 네 명 모두 암으로 사망했지만 그것이 핵실험 때문이었는지 아니면 노화에 의한 것이었는지는 확실치 않다고 한다. 아마 러트렐은 그들 모두가 살만큼 살다 갔다고 생각하는 것 같다.

이 기적은 1957년 7월 19일 핵실험 그 날, 네바다 주 상공의 대기가 매우 빨라 방사능 낙진이 다른 곳으로 멀리 흩어졌을 가능성이 매우 높았다고 밖에 설명을 할 길이 없다. 매우 운이 좋았던 바보 다섯 명, 아니 여섯 명의 이야기였다.

23

우주로 간 동물들

하늘은 어두웠지만 지구는 푸른빛이었다

지구가 어떤 색을 띠고 있는지 최초로 확인한 사람은 소련의 우주 비행사 유리 가가린Yuri Alekseyevich Gagarin이었다. 1961년 4월 12일 가가린은 보스토크 1호Vostok 1에 몸을 싣고 지구 궤도에 올라 1시간 48분간의 우주 비행에 성공한 뒤 무사히 지구로 귀환했다. "하늘은 어두웠지만 지구는 푸른빛이었다."라는 그의 말은 전파를 타고 전 세계로 퍼져나가 유행어가 되었다. 물론 '우주에 와보니 신은 없었다'도 이에 버금가게 유명한 말이긴 하지만 사실 이 말은 유리 가가린이 한 말이 아니었다고 한다.

전 세계가 우주여행이 가능한 시
대에 돌입했다는 흥분의 도가니에
차 있을 때 단 한 나라 미국만은 웃
지 못 했다. 1957년 소련이 최초의
인공위성인 스푸트니크 1호Sputnik 1
를 미국보다 먼저 쏘아 올렸을 때의
'스푸트니크 쇼크'에 비견 가는 '스
푸트니크 쇼크'가 미국을 위기감 속
으로 몰아넣은 것이다.

미국은 늘 소련에게 유인 우주선
경쟁에서 뒤처지는 신세였다

미국도 바로 그 다음 달인 5월 5일에 머큐리 3호Mercury 3를
쏘아 올려 유인 비행에 성공하긴 했지만, 그것은 단지 우주의 공
기만 잠깐 맡고 돌아오는 탄도 비행에 불과했고 유리 가가린처
럼 지구의 궤도를 도는 비행은 그 다음 해인 1962년이 되어서야
비로소 할 수 있었다.

그 뒤로도 미국은 늘 소련에게 유인 우주선 경쟁에서 뒤처지
는 신세였다. 소련이 최초로 유인 우주선끼리의 도킹에 성공하
고, 여성 비행사를 우주에 보내고, 우주에서의 유영을 성공하는
동안에도 미국은 그저 분을 삭이며 지켜만 볼 수밖에 없었다. 미
국의 자존심이 회복된 건 1969년의 일이었다. 아폴로 11호가 닐
암스트롱을 달에 착륙시키고 나서야 미국은 겨우 구겨진 자존심

에 다림질을 할 수 있었다.

그런데 우리에게는 잘 알려져 있지 않지만, 두 국가 간의 치열한 우주경쟁 틈바구니에서 목숨까지 바쳐가며 매우 중요한 역할을 했던 이들이 있었다. 알버트, 라이카, 에이블, 베이커, 벨카, 스트렐카, 햄 등이 바로 그 주인공들이다. 눈치 빠른 사람들은 라이카를 보고 이들이 동물들이라는 것을 눈치챘을 것이다. 이 동물들 중에서는 불행히도 우주로 진입하자마자 죽어버린 동물들이 있는가 하면, 무사히 귀환해 천수를 누리다 간 동물도 있다. 이번엔 그들을 기억하는 시간을 가져보도록 하자.

지구 영장류의 대표 알버트

제2차 세계대전 당시 독일의 기술력 특히 항공기술은 감히 연합군이 따라오지 못 할 정도로 앞서가 있었는데 그 중에서도 백미는 V2 로켓이었다. V2 로켓은 베르너 폰 브라운Wernher von Braun이 만들어 낸 세계최초의 탄도 미사일이었는데 이름이 V2이니만큼 당연히 앞선 모델인 V1도 있었다.

V1은 로켓이라기보다 '무인 비행기 폭탄'에 가까웠다. 모양도 비행기와 닮았고 속도도 640km/h 정도로 프로펠러기 속도와 비

숫했다. 때문에 독일군이 V1 로켓을 발사하면 연합군 전투기들
이 따라붙어 격추시키기가 비교적 용이했다. 심지어는 날아가는
로켓 옆으로 바싹 붙어서 비행기 날개로 로켓을 쳐서 떨어뜨리
는 방법도 자주 사용되곤 했다.

하지만 V2 로켓은 V1 로켓과
는 근본부터 다른 물건이었다.
5,700km/h의 엄청난 속도로 하
늘높이 솟구쳤다가 다시 운석처
럼 땅으로 꽂히는 V2 로켓을 격
추시킬 수 있는 방법은 지구상
에 존재하지 않았다. 노르망디
상륙작전의 성공으로 프랑스 내
독일 로켓 기지를 점령하기 전
까지 영국인들은 하루 종일 V2
로켓의 공포에 시달려야만 했다.

로켓의 위력을 실감한 연합군

미국은 V2 로켓을 하늘로 쏘아 올리면서
여러 가지 데이터를 획득해 나갔다.

들은 전쟁이 끝나자마자 V2 로
켓을 비롯한 독일의 군사기술들을 자기들 나라로 빼내기에 바빴
다. 소련은 V2 로켓 생산 공장을 통째로 접수한 뒤 독일에서 생
산한 로켓을 소련으로 가지고 갔다. 미국은 100여기의 V2 로켓

을 본국으로 가져가는 것도 모자라 아예 개발자였던 브라운을 미국으로 데려가 V2 로켓을 바탕으로 한 우주개발계획을 전개해나갔다.

미국은 이렇게 국내로 들여온 100여기의 V2 로켓을 한 달이 멀다하고 하늘로 쏘아 올렸다. 과학자들은 이것을 바탕으로 여러 가지 데이터들을 획득할 수 있었다. 하지만 아직까지 실험해 보지 못한 게 있었다. 과연 무중력 상태의 우주 공간이 인체에 미치는 영향이 어떠할 것인가?

어떤 과학자들은 미세한 중력의 차이를 견디지 못하고 심혈관이 터져 즉사할 것이라고 예측하기도 했다. 하지만 추측은 추측일 뿐이고 진짜 정답을 찾기 위해선 사람을 직접 올려 보내는 수밖에 없었다. 그래서 사람과 비슷한 동물을 우주로 올려 보내는 실험이 계획되었다.

하지만 그 전에 선행되어야 할 테스트가 있었다. 바로 로켓에 동물을 태운 뒤에 어떻게 귀환시킬 것인가 하는 문제였다. 미국은 로켓을 개조해 동물이 탑승할 수 있는 캐니스터Canister를 만들었다. 그리고 일정 고도에 도달했을 때 로켓과 캐니스터를 분리시킨 뒤 낙하산을 이용해 안전하게 착륙시키는 방법을 고안했다.

그리하여 1947년 2월 20일, 역사적인 최초의 동물 우주비행사가 탄생했다. 그 주인공은 바로 초파리들이었다. 인류의 위대

한 첫걸음의 주인공 치고는 조금 초라했지만, 우선은 캐니스터
와 로켓이 무사히 분리되는지를 알아보는 것이 급선무였다. 그
리고 우주 방사능이 동물에게 미치는 영향을 파악하기에는 초파
리만한 동물이 없었다. 초파리 비행사들은 V2 로켓을 타고 고도
109km까지 올라갔다가 무사히 지구로 귀환했다. 다행히도 그들
중 사상자는 없었고 같이 타고 갔던 옥수수 씨앗 승무원들도 별
탈 없이 지구로 돌아왔다.

미국은 자신감이 생겼다. 이젠 진짜 사람과 비슷한 고등동물
을 태워서 우주로 보낼 준비가 되었던 것이다. 히말라야원숭이
알버트Albert는 지구상의 영장류를 대표해서 선발되어 1948년 6
월 11일에 우주로 향했다. 비록 알버트가 우주비행을 한 최초의
동물도 아니었고 고도도 63km까지 밖에 올라가지 못했기 때문
에 완전한 우주비행을 한 것도 아니었다. 하지만 지구의 중력을
벗어나기 위한 최초의 시도를 했던 고등동물로서 우리가 기억해
야 될 이름이다. 안타깝게도 알버트는 비행 도중 질식사 했다.

냉전의 대리인, 라이카와 베이커 부인

소련 역시도 V2 로켓을 변형시킨 R-1 로켓을 이용해 여러 가

지 실험을 진행하고 있었다. 미국이 원숭이를 최적의 우주비행사라고 생각하고 있을 때 소련은 개를 선택했다. 소련은 미국보다 한참 늦은 1951년에 치간Tsygan과 데지트Dezik라는 두 마리의 개를 고도 110km까지 올려 보낸 뒤 무사 귀환시키는데 성공했다. 그 뒤로도 소련은 수십 마리의 개를 우주로 보냈는데 이 개들에겐 공통점이 두 가지 있었다.

소련은 우주비행'견'을 선발할 때 항상 길거리 캐스팅을 거쳤다. 즉, 길거리에 떠돌아다니는 유기견만을 대상으로 우주비행견을 선발했다. 집에서 곱게 자란 금수저견들보다 스트레스에 훨씬 강할 것이라는 게 과학자들의 판단이었다. 게다가 주인이 없었기 때문에 상대적으로 죄책감이 덜 한 것도 한 몫 차지했다. 그리고 항상 암컷만을 뽑았는데 신체적 구조상 수컷보다는 우주복을 디자인 하는 게 좀 더 편했기 때문이었다.

1957년 10월 4일 소련이 최초의 인공위성 스푸트니크 1호를 쏘아 올리면서 미국에 강력한 한 방을 먹였다. 미국이 정신을 차릴 새도 없이 그 다음 달인 11월 3일에는 스푸트니크 2호를 또 다시 발사했다. 스푸트니크 2호에는 그 유명한 우주개 라이카가 타고 있었는데 라이카는 정식 위성궤도에 진입해 진짜 우주비행에 성공한 최초의 지구동물이 되었다. 라이카 역시도 떠돌이개 출신의 암컷이었음은 물론이다.

라이카에게는 원래 '곱슬이'란 뜻의 '쿠드랴프카'라는 이름이
있었지만 발음하기가 어려워 품종인 '라이카Laika'로 불리기 시
작했다. 라이카는 다른 두 마리의 연습견들을 물리치고 최종 후
보로 뽑혔는데 우주선에 타기 딱 좋은 아담한 체격에다가 온순
한 성격이 선발된 주요인이었다. 스푸트니크 2호에는 음식 공급
장치는 물론이고 라이카의 생체 신호를 측정해 실시간으로 지상
으로 전송하는 장치들도 실려 있었다.

스푸트니크 2호는 성공적으로 발사되어 안정적으로 위성궤
도를 돌기 시작했다. 그리고 1958년 4월 14일 지구를 출발한지
5개월 만에 임무를 마치고 귀향길에 나섰다. 하지만 안타깝게도
스푸트니크 2호는 대기권에 재진입 도중 폭발해 버리는 사고가
발생했다. 소련 당국은 스푸트니크 2호가 터지기 직전에 라이카
에게 독약을 먹여 고통 없이 안락사 시켰다고 발표했다.

하지만 이것은 새빨간 거짓말이었다. 애당초 스푸트니크 2호
가 대기권에 재진입 하도록 설계된 우주선이 아니었기 때문이
다. 발사 때부터 임무가 끝나면 대기권에서 자연 소멸하도록 계
획되어 있었고, 라이카도 처음부터 죽을 운명을 안고 우주로 향
한 것이다.

이 사건으로 인해 동물들이 냉전의 소모품으로 쓰이는 것을
우려하는 목소리가 흘러나오기 시작했다. 스푸트니크 2호가 아

직 지구 상공에서 돌고 있을 때에도, 동물보호단체들은 좁은 우
주선에 꼼짝없이 갇혀 있는 라이카에 대한 항의 차원에서 소련
대사관 앞에서 시위를 벌였다.

하지만 최근인 2002년엔 또 다른 진실이 밝혀졌다. 라이카가
로켓 발사 7시간 만에 온도 조절 장치가 고장 나 고열로 인해 사
망한 것이다. 라이카가 이미 사망했다는 것을 동물보호단체들이
알았더라면 더 과격한 시위가 벌어졌을지도 모를 일이었다.

라이카 사건으로 인해 동물들을 살려서 지구로 데려오는 것
이 무엇보다 중요해졌다. 그렇지 않으면 여론의 뭇매를 맞을게
뻔했기 때문이었다. 미국은 라이카가 죽은 다음 해인 1959년 붉
은털원숭이 에이블과 다람쥐원숭이 베이커를 483km 상공까지
쏘아 올려 무중력 상태를 체험하게 한 뒤 무사귀환 시키는 것에
성공했다. 이 두 마리의 원숭이에겐 우주여행 뒤 무사히 귀환한
최초의 영장류라는 영예가 주어졌다.

하지만 안타깝게도 에이블은 피부에 이식되어 있던 전극을
제거하는 수술을 받다가 사망했다. 베이커는 무사히 살아남아
미국 우주 로켓 센터 U.S. Space & Rocket Center에서 방문객들의 사랑
을 받으며 여생을 지냈다. 직원들은 베이커에게 '미스 베이커'라
는 호칭을 붙여 존경심을 표하기도 했다. 베이커 여사는 1984년
세상에서 가장 오래 산 다람쥐원숭이라는 기록을 남기고 심부전

증으로 사망했다.

벨카와 스트렐카

1961년 미국과 소련의 경쟁이 극으로 치닫던 시절, 뜻밖에도 소련의 서기장 흐루쇼프가 미국 대통령 케네디에게 강아지를 선물하는 깜짝 이벤트가 발생했다. 강아지의 이름은 '푸싱카'였는데 푸싱카는 매우 특별한 핏줄을 타고 난 강아지였다. 푸싱카의 엄마 스트렐카Strelka는 지구 궤도를 탐험한 뒤 무사히 지구로 돌아온 우주견이었던 것이다.

스트렐카는 동료견 벨카Belka와 함께 토끼 2마리, 쥐 4마리, 파리, 버섯 등의 승무원들을 태운 채 지구 궤도에 오른 뒤 하루 동안 17바퀴를 돌고 무사 귀환하는데 성공했다. 같이 탑승했던 승무원들의 전원 생존이라는 쾌거를 이뤄낸 비행이었다.

이것은 인간도 우주궤도를 돈 뒤 무사히 지구로 귀환할 수 있다는 과학적 근거가 마련된 매우 중요한 사건이었다. 벨카와 스트렐카의 비행이 있는지 불과 1년 후에 유리 가가린이 우주로 갔던 것을 생각해 본다면 말이다.

스트렐카는 지구로 돌아와 같이 우주기지에서 훈련하던 푸쇼

크와의 사이에서 새끼 6마리를 낳았는데 이 중 한 마리가 푸싱카였다. 비록 체제의 차이로 국가끼리는 철천지원수가 되어 있었던 미국과 소련이었지만, 케네디 대통령과 흐루쇼프 서기장은 서로 편지를 주고받을 정도로 가까이 지내는 사이였다. 케네디 집안이 개를 좋아한다는 것을 안 흐루쇼프 서기장이 케네디의 딸인 캐롤라인에게 푸싱카를 선물로 주었던 것이다.

그렇다고 해서 두 정상 간의 브로맨스가 우주경쟁의 걸림돌이 되지는 않았다. 소련과 미국은 그야말로 모든 국력을 우주개발에 갈아 넣는 중이었다. 전 세계는 실시간으로 미국과 소련의 핑퐁게임(소련이 큰 스코어 차로 이기고 있는 중이었지만)을 지켜보고 있었고 여기서 밀리는 것은 곧 자신들 체제의 패배를 의미했다.

드디어 당하고만 있던 미국도 소련에게 잽을 날릴 기회가 찾아왔다. 소련이 우주비행견만 고집하느라 하지 못했던 매우 중요한 실험을 미국이 해낸 것이다. 미국과 소련 모두 이제는 조건만 갖춰지면 생명체도 무리 없이 우주에서 살 수 있다는 것을 알고 있었다. 하지만 엄청난 속도로 날아가는 우주비행 중에 사람이 움직일 수 있느냐에 대해선 여전히 의문부호가 붙었다. 움직인다 하더라도 지상보다 어느 정도의 운동 성능이 발휘될 것인가? 이것을 알아내기 위해선 인간과 가장 가까운 동물인 침팬지가 제격이었다.

침팬지 햄Ham은 카메룬에서 포획되어 마이애미의 동물원에 갇혀 있는 신세였다가 때마침 침팬지를 구하고 있던 미국 항공당국의 눈에 띄어 나사로 스카우트가 되었다. 그 뒤로 햄은 깜빡이는 파란 불을 보면 5초안에 레버를 당기도록 훈련되었다. 햄이 우주선 안에서 훈련 받은 대로 똑같은 행동을

침팬지 햄은 16분 39초 동안 비행하였다.

할 수 있다면 인간을 우주로 보낼 수 있는 매우 중요한 퍼즐 중에 하나가 맞춰질 수 있는 것이다.

햄은 16분 39초 동안 비행하며 보기 좋게 레버를 당기는데 성공했다. 햄이 실려 있던 캡슐은 로켓과 분리되어 낙하산을 타고 대서양 바다로 떨어졌고 무사히 살아 돌아올 수 있었다. 햄의 모습은 〈라이프〉지 표지사진에 실리며 미국인들을 열광케 했다. 하지만 불과 3개월 뒤 유리 가가린이 우주비행에 성공하게 되면서, 양 진영 모두에서 경쟁적으로 벌어졌던 동물 실험은 점차 열기가 식게 되었다.

24

알파고와 딥페이크

"인간이 진 것이 아니라 이세돌이 진 것"
아니 인간이 진 것

큰 이변이 없는 한 인공지능을 이긴 마지막 인간이라는 타이틀은 바둑기사 이세돌에게 돌아갈 것임이 틀림없다. 이세돌은 구글의 인공지능 알파고와의 대결에서 '신의 한수'를 이용해 한 판을 따내는데 성공하면서 인간의 마지막 자존심을 지켜냈다. 비록 전체 대국은 1대 4로 졌지만 말이다.

이세돌은 최종 대국을 지고 난 후 기자회견에서 "인간이 진 것이 아니라 이세돌이 진 것"이라는 명언을 남기면서 화제를 모

1996년에 IBM의 인공지능 딥블루가 체스 챔피언을 이기면서 사람들에게 충격을 안겨 주었다.

으기도 했다. 하지만 씁쓸하게도 그 뒤로 인간은 단 한 번도 인공지능에게 바둑을 이기지 못했다.

체스에선 이미 오래 전인 96년에 IBM의 인공지능 딥블루Deep Blue가 체스 챔피언인 가리 카스파로프Garry Kasparov를 이기면서 사람들에게 충격을 안겨 주었다. 비록 종합전적에선 3승 2무 1패로 딥블루가 밀렸지만, 그 이듬해인 97년에는 더욱 업그레이드 된 '디퍼블루Deeper Blue'가 2승 3무 1패를 거두면서 종합성적으로도 가리 카스파로프를 꺾게 되었다. 그 뒤로도 인공지능과 체스 기사 간의 대결이 몇 번 있었다. 하지만 인간은 매번 인공지능에게 체스로는 절대 이길 수 없다는 사실을 받아들여야만 했다.

체스판이 일찌감치 컴퓨터에게 무너져서 무력감에 휩싸이고 있던 일련의 사건들을 바둑계에선 강 건너 불구경 하듯이 보고

있었다. 그도 그럴것이 같은 보드게임이라고는 하지만 체스와
바둑은 전혀 다른 차원의 게임이었기 때문이었다. 체스는 말이
움직이는 경우의 수가 한정적이서 경우의 수를 미리 저장시켜
놓을 수 있는 컴퓨터에게 압도적으로 유리한 게임이었다.

하지만 바둑은 바둑돌을 놓는 수법이 무한에 가깝다고 할 만
큼 많기 때문에 제 아무리 발전된 컴퓨터를 사용한 인공지능이
라 할 지라도 인간을 이길 수 없을 것이라고 생각했다. 알파고가
이세돌에게 도전을 해왔을 때, 바둑 관계자 그 누구도 이세돌이
질거라고 생각하는 사람은 없었고 이세돌 자신도 대국에 자신감
을 드러냈다.

거기엔 다 이유가 있었다. 불과 5개월 전에 펼쳐진 알파고와
유럽 챔피언의 대결을 지켜봤던 것이다. 알파고가 유럽 챔피언
을 이기는 기염을 토하기는 했지만 당시의 기보를 확인한 이세
돌은 알파고가 4~5단 수준이라고 판단했고 자신이 압승할 것이
라 전망했다. 하지만 결과는 모두가 아는 것 처럼 이세돌의 완벽
한 패배로 끝이 났다.

사실 그때의 이세돌이 몰랐던 것이 하나있다. 유럽 챔피언과
의 대국을 펼쳤던 5개월 전의 알파고는 이세돌의 평가대로 4~5
단 수준이 맞았다. 하지만 단 5개월간 알파고는 스스로 학습과
정을 거치면서 인간이 도저히 이길 수 없을 정도의 수준까지 올

라가 버렸던 것이다.

알파고를 만들어낸 딥마인드 Deep Mind 관계자는 대국 전날 기자회견에서 지금도 알파고는 스스로 '딥러닝Deep Learning'을 이용해 학습중이며 강해지고 있다고 말했다. 당시 사람들은 이 말이 정확히 무슨 의미인지 알지 못했다. 하지만 바로 다음

알파고는 딥러닝을 통해 스스로 학습하였다.

날, 알파고가 이세돌을 꺾자 딥러닝이라는 단어는 전세계를 강타한 새로운 미래기술로 급부상하며 사람들의 주목을 모으게 되었다. 대체 딥러닝이 뭐길래?

이것은 피자인가 파전인가, 고양이인가 개인가?

여러분이 인공지능 개발자라고 해보자. 여러분은 지금 사진을 보고 피자를 구분할 수 있는 인공지능을 개발 중이다. 그러기 위해선 아주 많은 피자 사진을 인공지능에게 보여주면서 피자가 어떤 특징을 가지고 있는지를 알려 주어야 한다. 이때 중요한 건

피자가 아닌 것도 함께 보여주면서 피자와 피자가 아닌 것을 구분하게끔 만들어야 한다는 점이다. 이렇게 학습이 된 인공지능은 사진을 보고 피자인지 아닌지 100% 구분할 수 있는 능력이 없다. 다만 '이 사진은 90%의 확률로 피자이다'와 같이 확률적 대답을 할 뿐이다.

80% 이상이면 피자라고 대답하고 그 이하면 피자가 아니라고 대답을 하게끔 프로그래밍된 인공지능에게 파전 사진을 보여주면 어떻게 될까? 피자와 생김새는 비슷하지만 색깔이 다르므로 79%의 확률을 받았다고 해보자. 하지만 김치전을 보여준다면 피자와 모양과 색깔이 비슷하다는 이유를 들어 81%의 확률로 판단해 피자라고 대답할 수도 있을 것이다.

위의 인공지능은 학습 과정에서 제시한 예시 사진이 많으면 많을수록 정확도가 올라간다. 하지만 인간이 일일이 피자와 피자가 아닌 것의 딱지를 붙여서 제공해야 하기 때문에 태생적인 한계를 가진다. 이처럼 수많은 자료 속에서 일정한 패턴을 발견해 인공지능이 판별할 수 있도록 하는 기술을 머신러닝Machine Learning이라고 한다. 엄밀히는 지도 학습Supervised Learning이라 부르는데 이 방법은 위에서 지적된 단점 때문에 '피자 구분 인공지능'을 100%의 확률에 가깝게 학습시키기란 거의 불가능에 가깝다.

이처럼 단순히 피자 하나를 구분 하는 인공지능을 만드는 것에도 한계점에 봉착한 머신러닝에게 돌파구가 되어 준 것이 딥러닝이다. 딥러닝은 인공지능에게 일일이 피자인 것과 피자가 아닌 것의 딱지를 붙여서 보여주지 않고 피자 사진만 보여 주어도 피자와 피자가 아닌 것을 구분할 수 있는데 이 개념을 비지도 학습Unsupervised Learning이라고 한다.

딥러닝을 위해선 몇 가지 전제 조건이 있다. 우선 인간의 뇌처럼 생각하는 인공신경망Artificial Neural Network 알고리즘을 탑재하는 것이다. 인간이 개와 고양이를 구분하는 데에는 별다른 어려움이 없지만 인공지능은 무척 애를 먹는다. 수염도, 털도, 크기도, 색깔도 비슷한 두 동물 사이의 차이점을 우리가 잘 구분할 수 있는 건 어릴 때부터 수없이 겪어온 경험에 의한 판단 덕분이다. 이것을 인공지능에게도 똑같이 구현하고자 만든 개념이 바로 인공신경망이다.

고양이 사진을 인공지능에게 보여주고 고양이라는 결과를 얻기까지 중간에 은닉 층Hidden Layer이라는 인공신경망을 거치게 된다. 은닉 층의 층수가 깊으면 깊을수록Deep 더 고도로 학습된 인공지능을 만들 수 있게 되는데 출력 값의 오류를 다시 은닉 층으로 보내는 '오류역전파Backpropagation 알고리즘'이 핵심 역할을 한다.

하지만 이론적으로 완벽한 딥러닝 알고리즘을 만들어 냈다고 하더라도 이를 뒷받침할 컴퓨터 하드웨어 없이는 소용이 없다. 그 때문에 2000년대까지만 하더라도 딥러닝에 대한 심도 있는 연구가 이루어지지 못했다. 그런데 2010년대 들어 하드웨어, 특히 그래픽 처리 장치Graphics Processing Unit가 비약적으로 발전하면서 딥러닝이 한 단계 도약할 수 있는 멍석이 깔리게 되었다.

여기에 더해 빅데이터 시대를 맞이한 것도 인공지능 발전에 중요한 요소였다. 자료를 많이 학습하면 할수록 더 정교해지는 인공지능의 특성 때문이다. 특히 구글과 같은 글로벌 IT기업들은 이용할 정보가 너무나 많아서 행복한 고민을 했을 것이다.

2012년 구글은 유튜브에 올려져 있는 1,000만 마리의 고양이를 인공지능이 인식하는데 성공했다는 소식을 알렸다. 그리고 4년 뒤인 2016년엔 화질이 거의 뭉개져 사람조차 자세히 보지 않으면 형체를 잘 알아보기 힘든 고양이의 사진을 판독하는데 성공했다.

같은 해 딥러닝의 개척자였던 제프리 힌턴Geoffrey Hinton 교수가 이끄는 토론토대학의 '슈퍼비전' 팀은 이미지 판독 대회에 출전해 84.7%라는 경이로운 인식률을 기록하며 우승을 차지했다. 이전 대회까지 75%냐 76%냐 1%의 인식률 향상을 위해 다퉈왔던 기존의 팀들을 압도적으로 누르고 이겨버린 것이다. 이세돌과 알파고의 대결도 같은 해에 벌어졌다. 딥러닝 인공지능은 2016년을 기점으로 새로운 전환점을 맞이하게 된 것이다.

컴퓨터가 전화를 걸어서 식당예약을 하는 것은 윤리적 비난을 받아야 하는 것일까?

놀라긴 아직 이르다. 2018년 구글은 미국에서 열린 개발자 회의에서 업계 사람들조차 탄성을 지르게 만든 인공지능을 공개했다. 듀플렉스Duplex는 사람의 목소리를 합성시킨 음성 인공지능인데, 사용자가 날짜와 시간만을 지정해 준 뒤 스스로 전화를 걸어 미용실과 식당 예약을 하는 것에 성공했다.

상대방은 자신이 통화한 상대가 인공지능인 것을 전혀 눈치채지 못 했다. 소름이 돋았던 장면은 듀플렉스가 마치 인간이 대화하는 것처럼 '으흠~' '어...' 와 같은 추임새를 넣어가며 통화를 했다는 것이다. 상대가 조금 특이한 악센트를 쓰는 경우에도 아무 문제없이 뜻을 판독해 예약에 성공했다.

더 놀라운 것은 듀플렉스가 엄청난 사양의 컴퓨팅 시스템을 기반으로 하는 것이 아니라는 것이었다. 구글은 우리가 매일 쓰는 스마트폰 어플리케이션으로 다운 받아 음성비서처럼 사용할 수 있다고 밝혔는데, 실제로 1년 뒤인 2019년부터 정식 서비스에 돌입한 상태다. 아직까진 일부 기종의 스마트폰으로만 제한한 상태이지만 아마 여러분이 이 책을 읽고 있는 시점이면 여러분의 스마트폰에도 듀플렉스가 깔려 있을지도 모르겠다.

그런데 듀플렉스가 일반에게 공개되자마자 반발에 맞닥뜨렸다. 인공지능이 사람을 속여서 전화주문을 하는 것이 윤리적으로 올바르냐는 문제에 직면한 것이다. 이 문제에 대해 구글은 듀플렉스가 통화하기 전에 인공지능임을 알리는 대화를 추가함으로써 일단 비난을 모면했다. 하지만 듀플렉스에 비할 수 없을 만큼 더 시급한 윤리적 문제가 바로 지금 인류에게 닥쳐있다.

당신의 얼굴도 포르노에 합성되어 유포될 수 있다

2018년 유튜브에 버락 오바마 미국 대통령의 영상이 하나 업로드 되었다. 영상 속 오바마는 트럼프를 향해 '쓸모없는 머저리'라는 독설을 내뱉었는데 이것은 놀랍게도 인공지능으로 합성된 영상이었다. 합성이라고 하기엔 너무나 자연스러웠던 이 영상은 오바마가 말하는 장면에 입술 모양만을 합성한 '딥페이크Deep Fake' 기술로 만들어낸 것이었다.

구글은 2015년 누구나 마음껏 딥러닝 기술을 활용할 수 있도록 '텐서 플로우Tensor Flow'라는 오픈소스 머신러닝 플랫폼을 무료로 개방했다. 좋은 취지로 시작된 일은 '딥페이크'라는 닉네임을 쓰는 어느 네티즌이 공개한 한 편의 영상으로 논란의 중심에 서게 되었다. 딥페이크는 텐서 플로우의 딥러닝 기술을 바탕으로 사람의 얼굴을 자연스럽게 합성할 수 있는 프로그램을 개발했다. 그리고 이것을 활용해 포르노의 한 장면에 헐리우드 스타의 얼굴을 합성해 인터넷에 올린 것이다. 이 영상은 삽시간에 전 세계로 퍼지며 엄청난 화제를 모았다.

더 큰 문제는 별다른 기술 없이도 딥페이크가 만든 프로그램을 이용하면 누구나가 손쉽게 합성을 할 수 있다는 것에 있었다. 네티즌들은 너도 나도 딥페이크의 프로그램을 사용해 합성영상을 올리기 시작했는데, 갈수록 기술이 정교해져 얼마 지나지 않아 합성임을 구분할 수 없는 수준까지 올라섰다.

누구나가 예상하다시피 합성영상의 절대다수는 여자 연예인들의 얼굴을 포르노에 합성시키는 것이었다. 비단 헐리우드 스타뿐 아니라 한국의 케이팝 아이돌 중에서도 피해자들이 속출했다. 자신도 모르는 사이에 심각한 인권침해를 당한 것이다.

딥페이크는 정치권으로도 넘어왔다. 오바마와 트럼프, 힐러리, 그리고 푸틴까지 전 세계의 정치인들은 목소리마저 똑같이 합성되어 사람들을 혼란에 빠트렸다. 누군가 악의를 품고 가짜 뉴스를 생산해 낸다면 미국과 러시아 간의 핵전쟁이 날 수도 있는 중차대한 문제가 현재 우리에게 닥친 것이다.

여기서 딥페이크의 기술 자체를 비난하고자 하는 것은 아니다. 꼭 그가 아니었다 하더라도 시대의 흐름은 딥페이크 기술을 만들어 냈을 것이기 때문이다. 나쁜 용도로 쓰일 수 있는 우려 때문에 새로운 기술 자체를 막을 수는 없는 노릇이다. 하지만 새로운 기술이 모두에게 좋은 방향으로 쓰이기 위해선 하루빨리 공론화를 거쳐 적절한 법령 제정에 들어가야 할 것이다. 그렇지 않으면 이미 인터넷상에 수천 장의 셀카를 올려놓은 여러분도 딥페이크의 희생양이 될 수 있다.

25

전설의 4번 타자와
냉동인간

정자도 되고 난자도 되는데 인간은 안 될까?

영원히 살고 싶은 인간의 바람은 어리석은 것일까? 〈아일랜드The Island〉는 영생을 바라는 인간의 욕망이 어떤 식으로 발현되는지 잘 보여주고 있는 영화이다. 사람들은 자신과 똑같은 복제인간을 만든 뒤 자기의 건강에 문제가 생기면 복제인간들의 장기를 적출해 이식하는 끔찍한 일을 저지른다. 과연 영화 속에서 벌어졌던 일들이 영화로만 그칠 것인지 실제로 발생할 것인지는 아직 알 수는 없다. 하지만 조만간 이 문제는 열띤 논쟁거리가 될 것임은 분명하다.

복제인간보다 윤리적인 측면에서 자유로운 영생 방법도 있다. 바로 냉동인간이다. 영화 〈데몰리션 맨Demolition Man〉에서는 냉동감옥에 갇힌 형사 실베스터 스탤론의 이야기를 다루고 있다. 먼 미래에 다시 해동된 형사가 옛날과 미래 사이의 문화차이를 겪으면서 범죄를 해결해 간다는 이야기로 영화가 진행된다.

복제인간이 아직은 실현 불가능한 미래의 이야기라면, 냉동인간은 이미 우리 주위에서 매우 가깝게 접할 수 있는 기술이다. 비록 인간은 아니지만 이 분야에서 최고 전문가라 한다면 금붕어를 꼽을 수가 있겠다. 금붕어에 글리세린을 바르고 액체질소에 넣어 얼렸다가 미지근한 물에 해동하면 다시 되살아나는 실험은 고등학교 수준에서 배우는 매우 간단한 실험이다.

더 나아가 인간의 세포를 얼렸다가 다시 해동하는 기술도 이미 정자은행을 통해 상용화 되어 있다. 정자를 냉동시켰다가 냉동 이전의 활동성을 갖게 하는 기술은 이제 기술이라고 부르기도 민망할 정도로 간단하다. 사람의 체세포에서 가장 크다는 난자를 냉동하는 기술이 그 동안 완전하지 않았는데, 최근에는 그것도 극복해 거의 100퍼센트의 확률로 난자 냉동에 성공하고 있다고 한다.

난자까지 냉동 보관에 성공한 기술력이라면 체세포로 이루어진 사람을 냉동보관 하는 것도 가능하지 않을까? 언제나 그러하듯 세상은 우리의 생각보다 빨리 움직이고 있다. 이미 영원한 삶을 위해 가까운 미래에 해동될 날만을 기다리며 동면을 취하는 사람들이 적지 않다. 과연 그 사람들이 동면을 하고 있을지 동사를 했을지 확인할 길은 없지만 어떻게 된 사연인지는 한 번 알아보도록 하자.

불같은 성격의 4할 타자도 죽을 때 약해지기 마련이다

야구를 좋아하는 사람이라면 4할 타율이 뜻하는 바가 무엇인지 잘 알 것이다. 쉽게 말하면 타자가 10번의 타수를 맞는 동안 4개의 안타를 뽑아냈다는 말인데 타자들에게는 꿈의 기록이라 일컬어질 만큼 달성하기 힘든 기록이기도 하다. 한국프로야구에선 1982년 백인천이 처음이자 마지막으로 4할을 달성한 이후 현재까지 그 기록은 깨지지 않고 있으며, 일본에선 1936년 프로야구가 출범한 이래 단 한명의 4할 타자도 배출하지 못했을 만큼 진귀한 기록이다.

120년의 역사를 자랑하는 메이저리그에서는 1941년을 마지막으로 4할 타자가 종적을 감추었다. 영광스러운 마지막 4할 타자의 타이틀은 보스턴 레드삭스의 전설 테드 윌리엄스Ted

Williams가 가지고 있다. 그는 19시즌을 뛰면서 통산 981개의 홈런과 0.344의 타율이라는 믿기지 않는 기록을 남겼는데, 2차 세계대전과 한국전쟁에 참전하기 위해 입대를 두 번이나 했음에도 불구하고 이룩한 기록이라는 점에서 역사상 가장 위대한 야구선수로 꼽히기도 한다.

메이저리그의 영광스러운 마지막 4할 타자 타이틀은 보스턴 레드삭스의 전설 테드 윌리엄스가 가지고 있다.

사실 윌리엄스는 노모를 부양해야 했기 때문에 한국전쟁에는 참전하지 않아도 될 자격을 가지고 있었다. 그럼에도 불구하고 해병대로 참전해 전투기를 몰았던 그의 호쾌한 성격은 4할을 기록했던 1941년 시즌 마지막 경기에서도 잘 엿볼 수 있다.

그는 이미 4할의 타율을 기록 중이었고 마지막 더블헤더(하루에 두 경기를 연속으로 치르는 것)만을 남겨 둔 상황이었다. 혹시라도 경기에서 안타를 치지 못해 대기록을 달성하지 못 할 것을 우려한 감독은 선발 라인업에서 그의 이름을 제외시켰는데 테드 윌리엄스는 감독을 찾아가 출장을 자청했다. 그리고 마지막 두 경기에서 홈런 포함 8타수 6안타의 맹폭을 퍼부으며 0.406의 기록으로 시즌을 마칠 수 있었다.

이렇듯 두 번의 참전과 함께 자신의 소신대로 거침없는 인생을 살았던 그도 흐르는 세월은 어쩔 수가 없었다. 메이저리그를 호령했던 건장한 신체는 늙어서 심근 병증을 앓게 되었고 심박조율기를 삽입해 심장의 기능을 기계에 맡겨야 하는 처지가 되었다. 그리고 끝내 2002년 플로리다의 어느 병원에서 84세의 나이로 숨을 거두고 말았다.

그는 이미 온 가족이 모인 자리에서 자신이 죽으면 플로리다 바다에 뿌려달라고 유언장을 작성해 놓은 상태였다. 하지만 죽기 바로 직전 그의 아들만 따로 불러 자신이 죽자마자 냉동보관을 해달라고 다시 유언장을 작성했다. 이승에 대한 미련을 버리지 못하고 영원히 살고 싶은 욕망이 유언장을 바꾸는 계기가 되지 않았나 싶다. 물론 죽음을 앞둔 사람의 복잡미묘한 심정을 산 자들이 판단할 자격은 없다. 다만 전설의 4할 타자조차 약하게 만들어버린 병과 죽음 앞에서 무상함을 느낄 뿐이다.

몸 전체는 20만 달러, 머리는 8만 달러

냉동인간의 개념을 처음 생각해 낸 사람은 미국의 유대인 이민자 로버트 에틴거Robert Ettinger였다. 그는 제2차 세계대전에 참전했다가 다리를 절단해야 될 치명적인 부상을 입었는데 다리뼈 이식수술에 성공하면서 다리를 살릴 수 있었다. 아마도 그가 제2차 세계대전이 아니라 제1차 세계대전때 똑같은 부상을 입었다면 다리 한 쪽을 잃었을 것이 뻔했다. 이때의 경험으로 그는 지금보다 의술이 더 발달된다면 다리뿐 아니라 신체 전부를 살릴 수 있는 기술이 개발될 것이라 확신을 하게 된다.

그러던 중 에틴거는 냉동된 개구리의 정자를 해동한 뒤 되살리는 실험을 우연히 목격하고는 냉동인간에 대한 아이디어를 얻었다. 그가 1962년에 펴낸 저서《냉동인간The Prospect of Immortality》에는 냉동인간에 대한 구체적인 아이디어가 담겨 있다. 그는 지금 당장은 불가능 하지만 세포를 파괴하지 않고 냉동보관을 할 수만 있다면, 해동하는 기술이 생길 미래의 언젠가 다시 살아날 수 있을 것이라 생각했다. 에틴거는 뜻이 맞는 사람들을 모아 액체질소에 인체를 냉동하는 '냉동보존연구소Cryonics Institute'를 설립했다. 연구소의 첫 고객은 그의 어머니였다.

에틴거는 어머니를 냉동보관한 뒤에 첫 번째 아내와 두 번째 아내도 차례대로 냉동인간으로 만들었다. 그리고 2011년 본인도 뇌졸중으로 사망한 뒤 냉동인간이 되었다. 그는 죽기 전에 "인간에게는 노화와 질병으로 자연사하지 않을 자유가 있다."고 주장하면서 "동물은 자연에 순응해 살아가지만 인간은 자연과 투쟁하며 살아간다. 그게 바로 신이 인간에게 뛰어난 뇌를 준 이유"라고 역설했다. 냉동인간에게 쏟아지는 윤리적 비난을 반박한 것이다.

그런데 냉동보존연구소가 보관중인 에틴거의 어머니가 최초의 냉동인간은 아니었다. 그보다 앞선 1967년 미국 버클리대의 심리학 교수 제임스 베드포드James Hiram Bedford는 암으로 생을 마감하면서 자신의 시체를 냉동보관해 달라고 유언을 남겼다. 에틴거의《냉동인간》책이 나온 지 불과 5년만의 일이었다. 하지만 불행하게도 냉동인간 후 베드포드는 여러 가지 사정으로 이곳저곳의 연구소를 떠도는 신세가 되었다. 한때는 재정적인 문제로 인해서 그의 아들이 창고에 냉동고를 보관하면서 주기적으로 액체질소를 주입하기도 했다.

제임스 베드포드가 방랑을 끝내고 마지막으로 편안히 잠든 곳은 '알코어 생명 연장 재단Alcor Life Extension Foundation'이었다. 이 재단은 에틴거의《냉동인간》의 영향을 받은 프레드 챔벌린 Fred Chamberlain과 린다Linda 챔벌린 부부가 1972년에 설립한 냉동인간 보관소였는데 베드포드의 사체가 이곳으로 왔던 1992년엔 미국에서 가장 큰 보관소가 되어 있었다.

알코어 재단은 현재 150여구의 냉동인간을 보관하고 있고 가

입된 회원만 2천여 명이 넘는다. 앞서 언급한 전설의 4할 타자 테드 윌리엄스가 보관된 것도 바로 이곳이다. 알코어 재단이 냉동인간을 만드는 법은 이렇다. 우선 환자의 심장과 폐의 기능이 완전히 멈추면 4시간 이내로 −72도의 저온상태로 보관한 뒤 몸 안의 혈액을 한 방울도 남김없이 빼내어 그 자리를 부동액으로 꽉 채운다.

부동액을 채우는 것은 냉동인간을 만드는 과정에서 가장 중요한 일로 꼽힌다. 세포 속의 물이 얼어버리면 뾰족한 창 모양의 결정으로 변하면서 세포를 파괴하기 때문이다. 부동액으로 채운 세포는 완전히 얼지 않고 말랑말랑한 젤리처럼 변하는데 얼음 결정이 생기지 않기 때문에 세포의 손상을 막을 수 있는 것이다.

여러분이 알코어 재단에 자신의 몸을 맡기고 싶다면 20만 달러의 비용을 지불하면 된다. 혹시 몸 전체가 아닌 뇌만 냉동하고 싶으면 그 비용은 8만 달러까지 내려간다. 홈페이지에 따르면 미국과 캐나다 외의 지역에서 가입할 경우 만 달러의 추가비용을 받고 있다. 혹시라도 과학기술의 눈부신 발전을 의심치 않는 사람 중 자식에게 물려주지 않아도 될 21만 달러를 가지고 있는 사람이 있다면 관심을 가져보길 바란다.

매장도 싫고 화장도 싫으면
냉동장을 선택해 보는 것도 좋다

문제는 지금의 과학 기술로 과연 100퍼센트 세포의 손상 없는 냉동이 가능하냐이다. 앞서 말했다시피 인류가 난자를 냉동해서 실패 없이 100퍼센트 살려내는 기술을 갖춘 것도 최근의 일이기 때문이다. 사실 지금까지 냉동인간이 된 사람들 중 신체에 아무런 손상 없이 깨어날 수 있다고 보장된 사람은 아무도 없다. 그저 사망 당시에 존재했던 최고의 기술로 냉동이 되었다 뿐이지 그것이 세포가 손상되지 않았다는 것을 의미하지는 않는다. 냉동인간에서 가장 중요한 요소인 부동액이 완전치 않았던 탓이다.

그런데 최근 우리나라에서 이 문제를 해결해 줄 실마리를 찾는데 성공했다. 그것은 바로 북극에서 발견한 결빙방지단백질이다. 결빙방지단백질이 최초로 발견된 것은 1969년이었다. 영하까지 내려가는 극지의 바다 속에서 살아가는 물고기들은 왜 동사하지 않을까라는 물음에서 시작된 연구는 결국 남극 물고기의 혈액 속에서 결빙방지단백질을 찾아내는 데 성공했다. 이 단백질은 얼음핵과 결합해 얼음결정이 성장하는 것을 저해하는 기능을 가지고 있었고 그 때문에 영하의 바다 속에도 살아갈 수 있었던 것이다.

하지만 이 단백질의 연구는 지난 50년간 큰 진전이 없었다. 오로지 극지방 깊은 바다 속의 물고기 혈액에서만 채취할 수 있었기 때문에 구하기가 만만치 않았던 것이다. 1그램에 1,200만 원이라는 고가로 거래가 되다보니 연구비가 부담이 되었고 그마저도 구할 수 없는 경우가 대부분이라 연구 데이터가 축적되지 못했었다.

다산기지 연구원들이 발견한 효모로 세포의 냉동 기술을 비약적으로 발전시킬 수 있었다.

이 문제점을 해결한 것이 북극에 있는 다산기지였다. 다산기지 옆에는 담수호인 쌍둥이호수가 있었는데 추운 겨울이 찾아오면 호수 밑바닥까지 전부 얼어버리는 그런 호수였다. 혹시라도 그런 악조건 속에서도 살아있는 생물이 있을까를 연구하려고 얼음을 시추한 결과, 기적적이게도 얼지 않는 얇은 물길들이 흐르는 것을 포착했다.

다산기지 연구원들은 이 물길 속에서 효모를 발견하게 되었는데 이 효모 안에서 이제까지 알려지지 않은 새로운 결빙방지 단백질이 있었던 것이다. 게다가 단백질을 배양해 대량생산에 성공함으로써 앞으로의 세포 냉동기술을 비약적으로 발전시킬 수 있는 단초를 마련하게 되었다. 여기서 잠시 주모를 불러보는 시간을 가져보도록 하자.

여기에 냉동인간에게 희망을 주는 실험 결과가 하나 더 있다. 지난 2017년 미국의 미네소타대학에서 나노입자 기술을 이용해 동물조직을 해동하는데 성공한 것이다. 이 연구팀은 돼지의 심장판막과 혈관을 냉동할 때 나노크기의 산화철을 넣은 부동액을 사용했다. 그런 뒤 자기장을 이용해 산화철을 빠르게 운동시켜 온도를 높였는데 단 1분 만에 온도가 200도까지 올라갔다. 그렇게 해동된 돼지 판막은 아무런 손상이 없었고 산화철도 자연스럽게 밖으로 전부 빠져 나오는 실험결과를 얻을 수 있었다.

최근 개발된 여러 가지 신기술들이 잘 합쳐진다면 조만간 진짜 냉동인간의 시대를 맞이할 수도 있을 것이다. 그동안 매장을 할 것인가 화장을 할 것인가 두 가지 선택지 밖에 없던 장례의 방법에 냉동장이라는 보기가 하나 더 추가될 수도 있다는 말이다. 전통적인 유교 문화 속에서 오로지 매장만을 고집했던 한국 사회가 급속도로 화장 문화로 변했듯이 유행에 민감한 한국인의 특성상 조만간 냉동장이 유행할 시대가 올 지도 모르겠다.

일상을 바꾼
이야기의 순간

펴낸날 초판 1쇄 2020년 2월 28일
          2쇄 2021년 12월 20일

지은이 이현민

펴낸이 강진수
편 집 김은숙, 김도연
디자인 임수현

인 쇄 (주)사피엔스컬처

펴낸곳 (주)북스고 **출판등록** 제2017-000136호 2017년 11월 23일
주 소 서울시 중구 서소문로 116 유원빌딩 1511호
전 화 (02) 6403-0042 **팩 스** (02) 6499-1053

© 이현민, 2020

ISBN 979-11-89612-54-2   03030

책 출간을 원하시는 분은 이메일 booksgo@naver.com로 간단한 개요와 취지, 연락처 등을 보내주세요.
Booksgo는 건강하고 행복한 삶을 위한 가치 있는 콘텐츠를 만듭니다.